Pequeños Comienzos,
GRAN Futuro

Candidato

Improbable

MI IMPROBABLE AVENTURA A TRAVÉS DE LA DELINCUENCIA Y LOS GIROS QUE DEFINIERON MI VIDA HASTA CONVERTIRME EN PROPIETARIO DE UN RESTAURANTE CHICK-FIL-A

David Grimm

Tabla de Contenido

Dedicación

Este libro está dedicado a mi Señor y Salvador Cristo, que hace todo posible. Sin Su intervención divina, esta historia (y quizás mi capacidad para contar cualquier historia) no existiría. Aunque las lecciones fueron duras y el viaje a menudo doloroso, siempre estaré agradecido por sus interrupciones en mi vida. El sufrimiento fue parte del proceso y aprendí que soportar el dolor siempre vale la pena si no te rindes. *Gálatas 6:9*.

Introducción:
Descubriendo Más

Si alguna vez te has sentido marginado o simplemente una cara más entre la multitud, escribí este libro para ti. Yo también he estado allí y entiendo el dolor y el aislamiento que conlleva.

Recuerdo el primer día de primer grado como si fuera ayer. La escuela estaba abarrotada, llena de niños corriendo y riendo en la sala de espera principal mientras los autobuses empezaban a llegar.

Aunque era finales de verano, hacía frío en la habitación, al menos a mí me parecía así. Todo era desconocido. No tenía idea de qué esperar y no conocía a ninguno de mis compañeros de clase. Me senté entre un gran grupo de estudiantes pero todavía me sentía solo. No puedo subestimar el alivio que sentí cuando un solitario niño de tercer grado se acercó a mí para saludarme. Sólo hizo falta una interacción para sentir que ya no estaba aislado. Quizás este sea el comienzo de una excelente experiencia en la escuela primaria.

Nos retiramos para asistir a clase. Después del juramento diario de lealtad y oración, abrimos los libros en nuestra primera materia: matemáticas. Aunque el año anterior había asistido a una escuela a mi propio ritmo cuando era estudiante de jardín de infantes, no recuerdo haber aprendido nada sobre matemáticas. Con el tiempo, esa escuela cerraría debido a varios factores, uno de los cuales fue la orientación educativa insuficiente que resultó en la imposibilidad de equipar a los estudiantes con el conocimiento esencial necesario para el éxito académico futuro.

Me quedé completamente perdido cuando la maestra empezó a explicarme los principios básicos de matemáticas. Nunca antes había visto problemas como este, así que puedes imaginar mi aprensión cuando la maestra me llamó al frente de la clase para resolver una ecuación en la pizarra. Aunque no tenía idea de lo que estaba haciendo, intenté solucionar el problema de todos modos.

Mi respuesta debe haber sido incorrecta porque mi maestra inicialmente respondió: "¿Eres tonto?" Inmediatamente, cualquier sensación de confianza que tenía en mi maestra se evaporó y la clase comenzó a reír a carcajadas. Por si no quedó claro, se reían de mí, no conmigo. Décadas después, todavía no puedo comprender qué llevaría a un adulto a decirle eso a un niño.

Llevé esa vergüenza conmigo durante el resto del año. Nunca pude volver a confiar en esa maestra. Hasta aquí el comienzo superior que esperaba en la escuela. Ese encuentro dejó una huella imborrable en mi autoestima y la experiencia me impactó durante años.

Sin embargo, no es la identidad que llevo hoy. Alabado sea Dios por su capacidad de reutilizar pedazos rotos para convertirlos en un hermoso tapiz. Como Dios le dice a Jeremías (incluso después de presagiar el exilio de los israelitas a Babilonia), "'Porque yo sé los planes que tengo para ti', dice el Señor. 'Son planes para el bien y no para el desastre, para darles un futuro y una esperanza.'" Jeremías 29:11 (NTV)

¿Alguna vez te has sentido débil o insignificante? ¿Tienes una sensación de inseguridad o insuficiencia porque no eres el más guapo, el más inteligente o el más talentoso? Si puedes identificarte con alguna de estas descripciones, estás en buena compañía. Yo también estuve allí. Durante años, esta fue mi vida.

Lo más difícil fue que al principio no sabía que estaba viviendo de esta manera. Sé que es difícil de entender, pero en retrospectiva es 20/20. Al recordar mis primeros años, me doy cuenta de que vivía con una sensación inconsciente de falta de autoestima. Estaba impactando mi vida de una manera significativa. Aunque pude identificar los síntomas, desconocía la raíz de esta causa. A medida que crecí y enfrenté diferentes circunstancias y experiencias, desarrollé un lente para ver mi infancia que me permite mirar hacia atrás y comprender por lo que estaba pasando. Aunque siempre he oído que la comparación es una trampa, esta comparación fue beneficiosa para mí porque me ayudó a entender cómo eran realmente las cosas en un momento en el que estaba luchando.

En última instancia, no puedes controlar dónde naces o si naces, y algunos de nosotros ciertamente nos enfrentamos a una situación más brutal desde el principio. Sin embargo, Dios tiene una manera única de tomar los obstáculos y convertirlos en oportunidades. Dios a menudo revela su poder de manera más prominente a través de nuestros puntos de dolor más profundos. Como escribe Pablo en 1 Corintios 1:26-27 (NTV): "Recuerden, queridos hermanos y hermanas, que pocos de ustedes eran sabios a los ojos del mundo, o poderosos o ricos cuando Dios los llamó. En cambio, Dios eligió cosas que el mundo considera tontas para avergonzar a quienes se creen sabios. Y eligió cosas que no tienen poder para avergonzar a los que son poderosos."

Estoy muy agradecido de servir a un Dios que puede hacer cosas extraordinarias con lo que el mundo dice que es débil y tonto. Desde todos los puntos de vista, soy un candidato improbable para el tremendo éxito que he tenido, la oportunidad de experimentar. Mis entrevistadores siempre decían: "David, te ves horrible en el papel." Mis perspectivas nunca han sido tan brillantes. Aún así, de alguna manera, Dios me ha guiado por un camino increíble que trazó incluso antes de que yo naciera. Él elaboró un plan que me permitió destacar frente a miles de candidatos que estaban más calificados que yo. A pesar de toda la evidencia que tenía que decía que era insuficiente y que no estaba a la altura, el único estándar de verdadera importancia era cómo me veía Dios. En otras palabras, lo único que importaba era que Dios dijera que yo importaba.

Creo que lo mismo es cierto para ti. Dios ve un valor tremendo e inconmensurable en usted, independientemente de sus antecedentes, apariencia, inteligencia percibida, estatus socioeconómico, ubicación geográfica, habilidades físicas, circunstancias familiares o cualquier otro factor. Puede que aún no lo creas, pero estoy plenamente convencido de que cuando entregas tu vida a Dios de todo corazón y lo invitas a tu existencia diaria, rápidamente descubrirás que cuando Dios está presente, todo es posible. Como dijo Jesús: "'Las cosas que son imposibles para los hombres, son posibles para Dios.'" Lucas 18:27 (NVI)

Si alguna vez te has sentido como un candidato improbable en un viaje improbable, es muy probable que Dios esté sentando las bases para hacer algo extraordinario en tu vida. Al mismo tiempo, descubrir tu verdadero valor y el valor que Dios te ha otorgado no es una tarea fácil. Todos enfrentamos obstáculos en la vida, y si son externos o internos, el proceso de superarlos es arduo y complicado. Podrían ser necesarios años de perseverancia, movimiento ascendente y permitir que Dios lo limpie y refine antes de que finalmente alcance un acontecimiento importante en su viaje.

Dicho esto, los desafíos pueden ser abrumadores, pero las recompensas son exponenciales y eternas. Si tu deseo más profundo es cumplir el propósito de Dios en tu vida y experimentar más Su presencia, has elegido el libro correcto. Mi historia de triunfo y transformación podría ser la tuya también si estás dispuesto a decir "sí" al llamado de Dios y dar pasos hacia adelante en tu fe, especialmente cuando eso significa aceptar lo incómodo y lo desconocido. La vida abundante que te espera al otro lado hace que todos los sacrificios valgan la pena.

Es hora de entregarle a Dios los pedazos rotos de tu corazón que has estado llevando contigo. ¡Quizás se esté preparando para hacer algo extraordinario con ellos! ¿Estás preparado para embarcarte en un viaje para descubrir cuál podría ser el plan de Dios para tu vida?

> *"El ladrón no viene sino para hurtar, matar y destruir. He venido para que tengan vida y para que la tengan en abundancia."*
>
> —Juan 10:10 (NVI)

Capítulo Uno: Hogar

Mis probabilidades de ganar una oportunidad eran sólo del 0.0017%. Estadísticamente hablando, tenía más posibilidades de que me cayera un rayo o de convertirme en atleta profesional. Estas no eran probabilidades alentadoras, pero eran las probabilidades a las que me enfrentaba, y si esto era lo que debía perseguir, estaba decidido a vencerlas.

Mientras estaba sentado en la sala de espera, el aire estaba cargado de anticipación. Los miles de solicitantes a los que me enfrentaba parecían cernirse sobre mí. Mi mente volvió a mi primera visita a la sede corporativa de Chick-fil-A en Atlanta (ahora llamada Centro de soporte). Recordé el folleto de franquicia que vi sobre la mesa mientras esperaba que me llamaran a la sala para una de mis primeras entrevistas en persona. Resistí la tentación de abrirlo, no queriendo desanimarme por las escasas posibilidades que revelaba. Me aferré a la fe y la esperanza que Dios había puesto en mi corazón.

Dos años y medio después (y más de 12 rondas de entrevistas), llegamos a la etapa final. Con las manos fuertemente entrelazadas, me senté junto a mi esposa, Kelly, quien caminó conmigo y me apoyó durante todo el viaje. En ese momento, ella estaba tan nerviosa como yo. Mientras esperábamos afuera de la oficina del entrevistador, escuchamos rumores de que las cámaras y los micrófonos capturan cada palabra que pronunciamos y cada movimiento que hicimos.

Nos reímos nerviosamente. Todavía estábamos incrédulos de haber llegado tan lejos. Un escaneo rápido de la habitación no mostró evidencia de cámaras ocultas y pudimos relajarnos un poco. Quizás simplemente estaban excepcionalmente bien escondidas.

Después de lo que parecieron horas, finalmente llegó el momento. Con las palmas sudando, nos tomamos las manos con más fuerza y oramos antes de que nos llamaran de regreso a la oficina para la entrevista. Al principio, me sentí como si estuviera de regreso en la escuela secundaria y me llamaran a la oficina del director para recibir disciplina.[1] En el fondo, sabía que esto no era un castigo sino una oportunidad de que nuestras vidas cambiarán para siempre.

Kelly y yo nos sentamos en una mesa redonda frente al entrevistador. Brevemente, este hombre explicó que su función era proteger los intereses de la familia Cathy. En caso de que no estés familiarizado con Truett Cathy, fundó Chick-fil-A en 1946. Luego abrió la conversación con una simple pregunta: "Cuéntame sobre tu vida."

Me quedé instantáneamente desconcertado. Aunque estaba dispuesto a responder muchas preguntas en ese momento, ésta no era una de ellas. ¿Por dónde debería empezar? Mi mente se aceleró mientras intentaba decidir qué partes de mi vida eran las más importantes para compartir, qué experiencias me

---

[1] Quiero decir, supongo que se sentiría así. ¡Obviamente a mí nunca me han llamado a la oficina del director! (Sigue leyendo y rápidamente entenderás que esto es sarcasmo)

habían moldeado más y cómo condensarlo todo en una historia coherente y convincente.

Empecé a contar una historia desde que tenía 17 años. Me enfrentaba a una pena de cárcel y mi vida dio un giro dramático. Este fue un momento decisivo y significativo para mí y pensé que esta historia podría llevar a una discusión sobre por qué estaba aprovechando esta oportunidad. Fue durante este tiempo que encontré mi fe, una fe que me ha guiado a través de los altibajos de la vida, y una fe que creo que me ha traído hasta este momento.

"Espera un minuto," me interrumpió el entrevistador a mitad de la frase. "Acabamos de saltarnos una gran parte de tu vida. Volvamos al principio."

Me tomaron por sorpresa otra vez. "¿El comienzo? ¿Como cuando nací?" Respondí.

"Sí, parece un buen punto de partida," comentó el entrevistador.

"Está bien…" Saqué la palabra lentamente mientras contemplaba cómo resumir los 35 años anteriores de mi vida a este hombre en la entrevista de una hora asignada. Sesenta minutos no es mucho tiempo, pero las palabras que compartí en esos breves momentos podrían hacer o deshacer mi oportunidad y cambiar el curso de mi historia familiar. A lo largo de mi vida, he aprendido a hacer una oración sencilla con frecuencia, especialmente en momentos críticos como este.

"Dios, dame sabiduría."

Hice esta oración en silencio mientras comenzaba a hablar.

Comienzos Humildes

Nací en un pueblo del oeste de Pensilvania llamado Somerset. Entonces vivíamos en la cercana ciudad de Berlín. Este es el mismo pueblo donde se elaboran las deliciosas patatas fritas "Snyder of Berlin." Si nunca lo has probado pruebalas, te las recomiendo seriamente, compra una bolsa en el supermercado la siguiente vez que vayas se conocen más comúnmente como "Utz."

Mis primeros recuerdos fueron cuando tenía dos años en las Montañas Apalaches del condado de Somerset. Recuerdo vivir en una pequeña cabaña al lado de la pequeña iglesia. Mi papá era pastor en una iglesia rural. Todavía recuerdo los días de campo en el pabellón de la propiedad, donde lanzaba una pelota de fútbol con mis amigos mientras mis padres visitaban a otros miembros de la iglesia.

Mi padre solo pasó unos pocos años en el ministerio de tiempo completo, pero este breve período aún impactó su vida. A menudo me decía: "David, no entres al ministerio a menos que sepas que Dios te está llamando a hacerlo. No funcionará si Él no lo ha hecho." Tomé estas palabras en serio porque sabía que si mi padre estaba lo suficientemente preocupado por mi futuro como para darme esta sabiduría no solicitada, el ministerio podría ser una ocupación difícil y agotadora. Sus consejos me han guiado a través de muchas decisiones y desafíos, recordándome que siempre debo buscar la voluntad de Dios y no la mía.

Irónicamente, la mayoría de la gente nunca hubiera imaginado un futuro en el ministerio para mí basándose en cómo iba mi vida en ese momento. Quizás mi papá también tuvo una intuición sobre lo que podría pasarme más adelante en la vida. Aún así, esta intuición era muy diferente de cómo me percibía la mayoría de la gente. El papá de mi amigo le dijo que no saliera más conmigo. Estaba seguro de que terminaría muerto o en la cárcel y no quería que su hijo terminara como yo. Afortunadamente, Dios tenía planes diferentes.

Por supuesto, me estoy saltando una parte vital de esta historia (si el entrevistador de Chick-fil-A estaba escuchando,ya me habría cortado y redirigido). Después de la breve experiencia pastoral de mi padre, nos mudamos unas 40 millas al oeste, a la casa de mis abuelos por parte de mi madre. Vivían en un pequeño pueblo llamado Latrobe, PA, aproximadamente a una hora en auto de donde vivíamos anteriormente. Mi padre ahora era gerente de una librería y un minorista cristiano, y el deseo de mis padres de ahorrar dinero para comprar una casa era la razón por la que nos trajo a la zona.

Latrobe puede ser pequeña, pero tiene carácter. La primera banana split se inventó en la farmacia local Strickler's y el primer partido de fútbol profesional se jugó en la ciudad. Arnold Palmer, tanto el golfista profesional como la popular bebida, tiene sus raíces en Latrobe. También lo fue Fred Rogers, el presentador del reconocido programa de televisión infantil "Mr. Roger 's Neighborhood," que se emitió principalmente en la década de 1960. Hasta el día de hoy, los Pittsburgh Steelers de la NFL celebran su campo de entrenamiento anual en Latrobe, e incluso puedes caminar hasta sus prácticas de verano por un sendero entre la casa de mi infancia y el cercano Saint Vincent College.

Durante los siguientes 31 años, Latrobe sería mi hogar. Cuando era niño, no tenía idea de cuánto tiempo pasaría en esta comunidad o qué papel fundamental jugaría esta ciudad en mi historia.

Cómo se Siente el Cielo

Es difícil para mí imaginar el Cielo sin imaginar la granja de mis abuelos. Este lugar especial siempre lo sentiré como mi hogar. En mi mente, todavía puedo volver a su vieja cabaña de madera revestida con paneles de cedro cada vez que quiero recuperar algunos de mis recuerdos más preciados.

Su hogar era una antigua cabaña de la Guerra de la Independencia llamada Lochry's Blockhouse, donde mi "abuelo" italiano, Anthony Todaro, labraba los campos estacionalmente para plantar maíz y otros cultivos. Mientras avanzaba por los campos, recogía puntas de flecha y las colocaba en una caja de zapatos. En los primeros días, las batallas entre los primeros colonos y los nativos americanos a menudo ocurrían en terrenos cercanos a lo que ahora es la autopista Lincoln. En su granja rezumaba historia y tuve la suerte de llamar a este lugar "hogar" desde los dos hasta los seis años.

Mientras mi abuelo trabajaba en el campo, yo jugaba en el bosque cerca de la cabaña, sobre las vías del ferrocarril abandonadas. Trepaba a los mismos manzanos en el huerto donde mi abuelo cosechaba manzanas cada otoño para hacer sidra. Cada mañana, daba de comer a las gallinas del gallinero, recogía huevos y corría por las parras, donde el abuelo cosechaba uvas para hacer vinos y jaleas caseras.

Poco después, el olor de la comida de la abuela Anna me atraía de regreso a la casa. La mayoría de la gente la conocía mejor por su cariñoso apodo, "Bubba." Mi abuela eslovaca solía preparar huevos frescos y café, pasta casera, donas, productos horneados, haluski y otros platos étnicos favoritos que llenaban la cocina y la mesa todos los días.

Por supuesto, toda la comida deliciosa del mundo no significaría mucho si no pudieras compartirla con amigos, familiares y seres queridos. Mis abuelos fueron las personas más hospitalarias que he conocido y enseñaron a mis padres a defender los mismos valores. Nuestro hogar siempre estuvo abierto a otras personas que pasaban por una temporada difícil o que no podían mantenerse por sí mismas.

Mi abuela alimentaba constantemente a las personas sin hogar mientras recorrían el antiguo ferrocarril minero cercano. A menudo teníamos vecinos para una visita rápida por la tarde que se convertía en una invitación para cenar con nosotros y tomar una botella del vino casero del abuelo. Pasamos muchas noches entre semana hospedando a familiares para comer, jugar y reír hasta bien entrada la noche. Disfruté muchísimo viéndolos jugar e incluso intenté aprender algunos juegos yo mismo. Rápidamente aprendí a detectar las trampas de mi abuelo. Siempre me encantó verlo reír incontrolablemente mientras mi abuela lo reprendía.

Me sentaba en el regazo de mi abuela todas las mañanas para ver dibujos animados o programas de juegos. Después desayunábamos juntos y yo le robaba sorbos de café. Mi adicción comenzó cuando era joven y desde entonces no he dejado de amar el café. A menudo pienso en mi abuela cuando disfruto de mi bebida favorita.

Los días terminaban con oraciones y mis padres me arropaban en la cama de mi habitación de la esquina en lo alto de la escalera de madera. Me quedaba despierto hasta que se cerraba la puerta del dormitorio de mis padres, así que sabía que era seguro bajar escaleras abajo para ver a Johnny Carson en *The Tonight Show* (el show de la noche) con mis abuelos.

Por supuesto, mamá y papá descubrirán rápidamente que yo no estaba en la cama y mi escapada terminaría rápidamente.

Podría contarles mucho más sobre los sentimientos nostálgicos de este lugar que recuerdo con cariño. Podría hablar todo el día sobre observar animales junto al manantial de agua dulce, recoger bayas y verduras frescas en el jardín o plantar parterres de flores en el invernadero. Recuerdo haber pasado tiempo comprando en los grandes almacenes Jamesway (donde mi abuela siempre me compraba un regalo) o almorzando en el restaurante Jamesway con mi madre y abuela. Podría recordar todas las tareas con las que ayudaba al abuelo en la granja. Aunque no parece divertido, había pocas actividades (si es que había alguna) que preferiría hacer.

Mirando hacia atrás, estoy agradecido por esta etapa de mi vida y los recuerdos que se confunden en un tapiz de perfección despreocupada. En ese momento, todo parecía interminable. Me regocijo hoy porque, aunque esta temporada particular de mi vida ya terminó, los recuerdos me dan una imagen de la sensación de hogar que espero que todos experimentemos juntos en el Cielo algún día.

Anhelo Eterno

Estas memorias me recuerdan algo que todos sentimos en el fondo: el anhelo de un lugar al que realmente pertenecemos, donde la vida próspera esté libre de miedos y limitaciones. Esto explica por qué a veces todavía sueño con vivir allí. Anhelo regresar a donde todo esté lleno de vida y libre de restricciones.

Este profundo anhelo de un verdadero sentido de hogar y pertenencia proviene de mi educación. Al crecer en el cálido abrazo de la granja de mis abuelos, donde los lazos de familia, comunidad y amor estaban entretejidos en la vida cotidiana, entendí que el "hogar" se extiende mucho más allá de la estructura física. El hogar es un estado de corazón y mente en el que podemos abrazar plenamente nuestro verdadero yo. Estas primeras experiencias iniciaron un viaje de toda la vida para recrear esa misma esencia de hogar en cada rincón de mi vida. Como escribe el Maestro en Eclesiastés 3:11 (NTV), "Él ha plantado la eternidad en el corazón humano..."

La antigua sabiduría de Eclesiastés se hace eco de la profunda verdad de que nuestros corazones llevan una semilla eterna de anhelo. Al recordar los días llenos de risas en la granja de mis abuelos, no puedo evitar ver que esos momentos fugaces fueron como destellos de la eternidad, donde el tiempo se detuvo y la alegría se desbordó. Es como si mi alma reconociera que este mundo, con toda su belleza transitoria, no era más que una sombra del verdadero hogar donde fuimos creados para vivir. La esencia de nuestra existencia da testimonio de una realidad que se extiende más allá de lo finito y los susurros de algo más.

Dios ha construido en todos nosotros una capacidad y un anhelo eternos. Interiormente sabemos que hay algo más allá de esta vida presente. Incluso cuando nos negamos a reconocerlo, no podemos deshacernos de la profunda esperanza interna de algo más. Todos sabemos que fuimos creados para algo más allá de lo que estamos experimentando actualmente. Todos tenemos un vacío en nuestro corazón con la forma de Dios que sólo puede llenarse mediante una relación con Él. La única manera de comenzar esa relación es a través de Su único Hijo, Jesucristo. En Jesús encontramos verdaderamente cumplido este anhelo innato. Cuando ponemos nuestra esperanza y confianza en Jesús, el dolor de nuestro corazón se satisface y nuestro gozo se completa.

Juan 3:16 es uno de los pasajes más famosos de las Escrituras, y con razón. Estas profundas palabras encierran una tremenda promesa para cada persona que pone su confianza en Jesús. Juan 3:16-17 (NVI) dice: "Porque tanto amó Dios al mundo que dio a su Hijo unigénito, para que todo aquel que cree en él no perezca, sino que tenga vida eterna. Porque Dios no envió a su Hijo al mundo para condenar al mundo, sino para que el mundo sea salvo por él."

No importa cuánto intentemos negarlo, cualquier elección o búsqueda en esta vida sólo nos dejará anhelo y sufriendo al menos que la relación con Jesús sea su núcleo. Nada determinado puede llenar el espacio diseñado para ser ocupado únicamente por lo infinito. Sólo Dios puede satisfacer este vacío. Cuanto antes dejemos de luchar contra esta realidad y de tratar de satisfacer nuestros anhelos con todo lo que el mundo tiene para ofrecer, antes podremos comenzar a vivir la vida que Dios quiere que disfrutemos. Quizás se pregunte por qué confío tanto en esta creencia, pero lo aprenderá rápidamente a medida que continuamos nuestra historia.

Hoy, la cabaña de mis abuelos es una reliquia preservada y salvaguardada por la sociedad histórica. Sin embargo, la maravillosa vida que viví allí y la alegría que experimenté se han desvanecido de la vista, dejando solo recuerdos preciosos grabados en el paso del tiempo. Los campos arados han desaparecido. Los jardines y las parras están cubiertos de vegetación. Los manzanos todavía están vivos, pero mi abuelo ya no cosecha sidra. La ubicación física puede ser la misma cuando llevo a mi esposa y a mis hijos de visita, pero la experiencia es muy diferente. El pasado es temporal, pero los recuerdos viven para siempre.

No todos crecieron de la misma manera que yo. Quizás pensar en su educación le traiga recuerdos dolorosos y sentimientos negativos. Si esa es tu experiencia, quiero que sepas cuánto lo siento. Siento total empatía contigo, pero sé que tu verdadero "hogar" todavía te espera. Además, todavía tienes la oportunidad de crear un hermoso ambiente para ti en este lado del Cielo. El entorno específico puede diferir de lo que otros están experimentando, pero aun así puedes cultivar una sensación significativa de "hogar."

Dios desea que todos experimenten una vida abundante y un profundo sentido de pertenencia. Lo sé por las palabras de Jesús en Juan 10 cuando les dice a sus discípulos que el ladrón viene a robar, matar y destruir, pero Él ha venido "para que tengan vida, y para que la tengan en abundancia." Juan 10:10 (NVI)

Vivimos en un mundo caído con un enemigo genuino al que nada le encantaría más que robarnos estas bendiciones. Su objetivo final es impedir que experimentemos la mayor bondad posible, tanto en esta vida como en la próxima. Por eso muchos hogares están rotos y carecen de un verdadero sentido de pertenencia. El objetivo del enemigo es destruir lo que Dios ha creado para bien, pero en última instancia Dios tiene aspiraciones diferentes para nosotros. La misma promesa que Dios le hace a Jeremías en Jeremías 29:11 es cierta para nosotros: "Porque yo sé los pensamientos que tengo acerca de vosotros, dice el Señor, pensamientos de paz y no de mal, para daros un futuro y una esperanza."

Jeremías 29:11 (NVI)

Los planes de Dios para nosotros son buenos, incluso si no siempre se sienten así en el momento. Dios promete que si ponemos nuestra fe en Él y le entregamos los pedazos de nuestra vida, Él hará algo milagroso con los fragmentos y los cabos sueltos. Dios tiene el poder de rehacernos y está dispuesto a intervenir si le damos el espacio para ponerse a trabajar.

Al terminar este primer capítulo, los dejo con las palabras de Pablo en Romanos 8:28 (NVI): "Y sabemos que Dios dispone todas las cosas para el bien de los que lo aman, los que han sido llamados conforme a su propósito."

Tuve que aprender a confiar en las promesas de Dios mientras le entrego mis pedazos rotos. puedes sentirte completamente destrozado, pero Dios puede recomponerse y sanarte. Si te sometes a sus planes, rápidamente descubrirás que la nueva imagen es más hermosa que cualquier cosa que existiera antes.

Capítulo Dos:
Abuso Autoritario

Crecer en mi barrio fue una experiencia tremenda hasta el día en que enfrenté un encuentro no deseado e inesperado. Mirando hacia atrás, debería haber sido más cauteloso porque no estaba completamente preparado para lo que estaba por suceder. Si hubiera sabido entonces lo que sé ahora, habría entendido cuán profundamente nuestro sentido de hogar impacta nuestra personalidad y carácter. Podría haber visto que mis valores se erosionarían si pasaba demasiado tiempo en un lugar donde no eran compartidos, honrados o defendidos. Sin embargo, yo era demasiado joven e ingenuo para ver que no todos tenían la misma educación excelente que yo.

Mis abuelos, generosos como eran, acababan de asignar un acre de tierra para mi familia cerca de su propiedad. Mi papá siempre fue increíblemente trabajador y hábil, por lo que construyó nuestra casa desde cero con materiales que compró él mismo. Cuando cumplí seis años, vivíamos en el espacio que eventualmente se convertiría en el sótano de nuestra casa.

A mi padre le tomó cuatro años reunir suficiente dinero para construir el resto de nuestra casa. Esto no me molestó porque consideraba que vivir bajo tierra era una aventura.

Similar a tener mi propia guarida secreta. Mientras vivía en el sótano, mi hermana Charity se unió a nuestra pequeña familia, convirtiéndonos en una familia de cuatro. Más tarde volvimos a sumarnos a nuestra casa cuando le dimos la bienvenida a un nuevo perro mezcla de chihuahua y terrier llamado "Friskey." ¡Me encantó ese perrito!

La alegría de explorar la finca y la experiencia única de vivir en una casa subterránea llenaron mi infancia de emoción y aventura. Como joven aventurero, no podría haber pedido más.

Aún así, mi mundo cambió para mejor cuando refugiados de Laos llegaron a nuestra propiedad en busca de refugio del despotismo y las atrocidades que estaban ocurriendo en su país de origen. Patrocinados por amigos de la familia, mis abuelos les concedieron permiso para instalar un remolque en nuestro terreno. De repente, tenía tres nuevos niños de mi edad con quienes jugaba todos los días.

A pesar de la barrera del idioma, formamos conexiones instantáneas e intercambiamos juguetes.

Más allá del compañerismo, también tuve la oportunidad de experimentar una nueva cocina. Los berros picantes florecían en el agua fría del manantial cercano y las cigarras voladoras añadían un toque exótico. Nunca me armé de valor para probar las cigarras, pero me encantó todo de la experiencia (incluidos los pimientos picantes).

Desafortunadamente, los buenos tiempos no durarían. Los cambios comenzaron cuando mis vecinos laosianos y mis nuevos amigos decidieron mudarse.

Me había encariñado con los tres niños y me entristeció verlos partir.

Por mucho que dejaron un vacío en mi vida cuando se mudaron, esta pérdida palideció en comparación con la pérdida de mis abuelos. Con su partida, la vibrante vida que se desarrollaba al lado y las innumerables aventuras que ofrecía se convirtieron en un recuerdo. La verdad innegable es que el cambio es una faceta integral del viaje de la vida. Primero perdimos a mi abuelo. Después de su muerte, comencé a visitar a mi abuela diariamente para hacerle compañía, ya que ahora vivía sola.

Un día, cuando entré para nuestra visita habitual, ella estaba sentada en su escritorio, terminando una conversación telefónica. Trágicamente, se cayó mientras se levantaba para saludarme. La caída la dejó con un brazo roto y un corte profundo en la cabeza. Inmediatamente corrí a la casa de al lado para alertar a mi madre, quien llamó al 911. Desafortunadamente, el daño ya estaba hecho y mi abuela se unió a mi abuelo poco después de su caída.

Con su partida, mi paraíso desapareció. Mi feliz realidad en la granja era ahora sólo un recuerdo. Saber que mi mundo nunca existiría como antes me dejó triste y vacío.

Mis abuelos se habían ido, pero mi anhelo de aventuras era más intenso que nunca. A medida que crecí, comencé a explorar más el vecindario. Vivíamos al final de la calle, a un corto paseo por el largo camino de grava desde la granja de mis abuelos. Después de pasar por mi casa, llegaba al resto del vecindario. Este espacio se llamó St. Vincent Shaft, llamado así por los pozos de minas donde trabajaban y vivían los mineros del carbón años antes. Aún eran evidentes las huellas del antiguo barrio minero, con trozos de carbón esparcidos por todo el paisaje en los bosques debajo de nuestras casas y en las antiguas vías del ferrocarril que ya no estaban en uso. Los sumideros periódicos revelarían ellos mismos cuando un pozo se derrumbaba a gran profundidad. La compañía minera construyó las otras casas en nuestro vecindario "shaft," destinadas a que vivieran dos familias.

Estas casas se llamaban dúplex, donde descubrí a más niños de mi edad. Cuanto más tiempo pasaba en St. Vincent Shaft, más amigos hacía. En aquellos días, todos participaban en la crianza de los hijos de los demás. Estábamos entrando y saliendo de las casas de los demás a diario, especialmente en verano. A veces, teníamos que cenar dos veces si alguien nos invitaba a quedarnos. Primero comimos con nuestros amigos y luego nos fuimos a casa a comer por segunda vez con nuestra familia. Sinceramente, ¡extraño esas noches de dos cenas! Más aún, extraño poder comer así sin engordar ni un gramo.

A medida que pasó el tiempo y crecimos, nuestros intereses evolucionaron. Los días de explorar el bosque y andar en bicicleta fueron reemplazados por nuevas fascinaciones. Ahora estábamos en los videojuegos y pronto llegaron los amanecer de Nintendo y todas las demás consolas de videojuegos. En medio de estos cambios, el atractivo de la televisión por cable entró en nuestras vidas, desviando nuestra atención de las aventuras que alguna vez atesoramos.

Como las familias eran tan afectuosas como en aquel entonces y como muchos de nuestros padres también crecieron juntos, todos se mostraron muy confiados. Probablemente lo mismo sea cierto para muchos padres hoy en día, pero mi advertencia a todos los padres es que sean cautelosos. No debes confiar en todos porque parecen "agradables" y provienen de una "buena" familia. Incluso si su familia es amiga de su familia, es apropiado tener un ligero grado de precaución. Tus hijos absorben palabras y experiencias como esponjas; sus mentes y corazones son vulnerables. No a todos se le debe confiar a sus hijos; las primeras impresiones a veces pueden ser engañosas. Esta lección, aprendida a través de mis propias experiencias, es un recordatorio de la importancia de la vigilancia y la comprensión en la crianza de los hijos.

Influencias no Deseadas

No siempre eliges lo que te sucede, pero puedes decidir cómo respondes a cada circunstancia. Además, puede tomar decisiones inteligentes con anticipación para limitar o evitar algunos eventos no deseados para usted y sus seres queridos. Debemos ser cuidadosos y sabios con las influencias que permitimos que se infiltren en nuestros corazones y mentes. Recuerde, una pequeña semilla puede convertirse en una planta grande cuando se riega y se cuida, incluso si resulta ser una mala hierba. Cuando permitimos que se desarrollen estas malas hierbas, corremos el riesgo de ahogar las plantas más buenas y fructíferas de los jardines de nuestros corazones y mentes. Como leemos en Proverbios 4:23 (NTV), "Guarda tu corazón por encima de todo, porque él determina el curso de tu vida."

No entendí la importancia de proteger mi corazón en ese momento. No sabía nada más que mi inocencia y no estaba preparado para que me la arrebataran y la reemplazaran con algo que nunca debí haber presenciado. Pensé que podía confiar en la familia de un amigo en particular. Aún así, esta confianza se erosionó rápidamente cuando comencé a ver escenas explícitas en la pantalla de su televisor. De repente, horribles representaciones de sexo y violencia quedaron grabadas en mi mente joven, una galería de imágenes y fantasías inquietantes que producían miedo e invocaban pensamientos oscuros. Antes de poner un pie en esta casa, nunca había escuchado música explícita ni había oído hablar de brujería o influencias demoníacas. No había abierto una revista inapropiada hasta que vi todas las fotografías sucias de la colección del padre de mi amigo. Incluso aprendí a fumar cigarrillos encendiendo los cigarrillos que tenía la abuela de mi amigo.

No se equivoque: esta casa no se parecía en nada a la nuestra. No compartían nuestros valores. Tenían pocos límites perceptibles, si es que tenían alguno. Debido al tiempo que pasé en este espacio, mi mente cambió para siempre a una edad temprana. Mi inocencia nunca volvería y mi vida había cambiado drásticamente.

Podría haber corrido, pero no lo hice. Elegí no decírselo a mis padres. En cambio, regresé por más. Regresé repetidamente y mi corazón se volvió más frío y oscuro cada vez.

Guerra

Todos los días nos enfrentamos a deseos contrapuestos. Queremos perder peso, pero también queremos almorzar una hamburguesa con queso. Queremos orar y leer nuestra Biblia, pero en lugar de eso, miramos compulsivamente nuestros programas de televisión favoritos o navegamos sin cesar por nuestras redes sociales.

No estás solo si tus acciones no siempre coinciden con tus deseos fundamentales. En Romanos 7, el apóstol

Pablo habla de su propensión a hacer las cosas que preferiría no hacer. "He descubierto este principio de vida: que cuando quiero hacer lo correcto, inevitablemente hago lo que está mal. Pero hay otro poder dentro de mí que está en guerra con mi mente. Este poder me hace esclavo del pecado que todavía está dentro de mí. ¡Oh, qué miserable soy! ¿Quién me librará de esta vida dominada por el pecado y la muerte? ¡Gracias a Dios! La respuesta está en Jesucristo nuestro Señor. Entonces ves como es: En mi mente realmente quiero obedecer la ley de Dios, pero debido a mi naturaleza pecaminosa soy esclavo del pecado." Romanos 7:21, 23-25 (NTV)

Pablo, un apóstol de Jesucristo, capta perfectamente la guerra que se libra dentro de cada uno de nosotros. Todos estamos destinados a vivir una vida llena de pureza y bondad, pero cuando el pecado entra, comienza una guerra interna por nuestras almas. Esta será una batalla siempre presente hasta que ya no estemos aquí en esta tierra, y la sangre de Jesucristo sea lo único que pueda asegurar nuestra victoria.

Algo poderoso sucede cuando aceptamos la gracia y la salvación que solo proviene de una relación con Jesús. Pablo amplía el impacto de la crucifixión:

"Sabemos que nuestro antiguo ser pecaminoso fue crucificado con Cristo para que el pecado perdiera su poder en nuestra vida. Ya no somos esclavos del pecado. Pues, cuando morimos con Cristo, fuimos liberados del poder del pecado; y dado que morimos con Cristo, sabemos que también viviremos con él. Estamos seguros de eso, porque Cristo fue levantado de los muertos y nunca más volverá a morir. La muerte ya no tiene ningún poder sobre él. Cuando él murió, murió una sola vez,

a fin de quebrar el poder del pecado; pero ahora que él vive, vive para la gloria de Dios. Así también ustedes deberían considerarse muertos al poder del pecado y vivos para Dios por medio de Cristo Jesús. No permitan que el pecado controle la manera en que viven; no caigan ante los deseos pecaminosos. No dejen que ninguna parte de su cuerpo se convierta en un instrumento del mal para servir al pecado. En cambio, entréguense completamente a Dios, porque antes estaban muertos pero ahora tienen una vida nueva. Así que usen todo su cuerpo como un instrumento para hacer lo que es correcto para la gloria de Dios. El pecado ya no es más su amo, porque ustedes ya no viven bajo las exigencias de la ley. En cambio, viven en la libertad de la gracia de Dios."

Romanos 6:6-14 (NTV)

Desde que conocí la destrucción del pecado hace muchos años, he aprendido cómo librar esta guerra. Por mucho que nos sintamos víctimas de nuestras circunstancias, no tenemos por qué permanecer en esa condición. Podemos optar por perdonar a quienes nos han hecho daño, así como el Padre nos perdona libremente. En el libro de Colosenses, Pablo ordena: "Sean comprensivos con las faltas de los demás y perdonen a todo el que los ofenda. Recuerden que el Señor los perdonó a ustedes, así que ustedes deben perdonar a otros." Colosenses 3:13 (NTV)

Esto no significa que disculpamos lo sucedido. Ciertamente no significa que el castigo por las malas acciones no sea justo. Las consecuencias todavía ocurren como resultado de las elecciones. Más bien, esto significa que podemos optar por perdonar a los demás porque es el regalo gratuito que también hemos recibido. Descubrimos una nueva sensación de libertad cuando perdonamos a otros que nos hacen daño. Ya no permitiremos que las malas acciones nos afecten. Estamos mostrando amor a los demás al dejar ir el resentimiento en nuestro corazón, que es el modelo establecido por el mismo Jesús. Como escribió Juan en 1 Juan 4:19 (NTV): "Nos amamos unos a otros, porque él nos amó primero."

Elegimos mostrar amor a través del perdón porque Jesús primero decidió mostrarnos amor cuando no lo merecíamos. Cuando perdonamos como lo hace Jesús, recibimos sanidad ahora y por la eternidad. Podemos ser libres de obstáculos del pasado. Podemos ser tan libres que comenzamos a orar por aquellos que nos han herido.

El perdón nos libera del control que nuestros enemigos tenían sobre nosotros. El perdón destruye la raíz de la amargura para que podamos vivir nuestras vidas en verdadera libertad. Ganamos la guerra porque luchamos desde la victoria, no por la victoria. Jesús ya ganó la guerra y obtuvo la victoria. Nuestro estatus ha cambiado y vivimos como personas transformadas y renovadas por Su gracia.

En el antiguo Jardín del Edén, Satanás llevó esta lucha a las puertas de la humanidad. Se sembraron las primeras semillas de esta batalla: semillas de enemistad que crecerían hasta convertirse en una guerra librada dentro del corazón humano por nuestras almas. Dios nunca tuvo la intención de que intercambiáramos nuestra libertad por las cadenas del pecado. En cambio, los humanos renunciaron a su posición de autoridad y libertad de Dios por algo de menor valor. Se creyeron la mentira de que su camino sería mejor que el camino de Dios. Luchamos esta misma batalla diariamente cuando nos enfrentamos a elegir nuestro camino o el camino de Dios.

A pesar de nuestra tendencia a elegir el pecado y el egoísmo, Dios abrió un camino para que volviéramos a Él. Dutch Sheets (uno de mis autores favoritos) escribió una vez: "Padre, cuando Adán y Eva cayeron en el jardín, no los abandonaste. En cambio, los cubriste amorosamente, continuaste proveyéndolos y declaraste, escondido en un misterio profético, cómo aplastarías el dominio recién adquirido de la serpiente sobre la raza humana y la tierra. La liberación explosiva del Calvario aplastó la autoridad de Satanás sobre toda la Tierra y liberó a la humanidad de su autoridad. Tu cuerpo, el Ekklesia,[2] es ahora Tu ejecutor de este golpe aplastante. Obviamente, no lo hacemos a la perfección, pero estamos creciendo en nuestra comprensión de esta asociación contigo."

¡Aleluya! Qué increíble noticia es esta para cada uno de nosotros. No puedo evitar pensar en las palabras de 1 Corintios 15:57 (NTV): "¡Pero gracias a Dios! Él nos da la victoria sobre el pecado y la muerte por medio de nuestro Señor Jesucristo."

Cimientos

Mis padres eran cristianos que amaban a Dios y creían en la Biblia. Asistíamos a la iglesia al menos dos veces por semana, y algunas semanas, incluso tres. Se esforzaban por leernos la Biblia y orar con nosotros cada noche. Escuché hablar de la salvación por primera vez a los cuatro años y la entendí lo mejor que podía. Decidí que quería que Jesús me perdonara y viniera a vivir en mi corazón. Hice esta oración un

---

[2] "Ekklesia" es la palabra griega utilizada en todo el texto original del Nuevo Testamento para la Iglesia.

domingo por la mañana en la iglesia, sentado en el regazo de mi papá, en nuestra pequeña iglesia.

No nos quedaríamos en esa iglesia para siempre. Con el tiempo, comenzamos a asistir a una nueva iglesia en Derry, Pensilvania. Mientras asistía a la iglesia y a la escuela cristiana que dirigía, crecí y maduré, y comencé a ver muchas hipocresías que me disuadieron de querer ser parte de la iglesia. En la introducción, les conté mi experiencia en mi primer día de primer grado. No les conté que esto sucedió en una escuela cristiana el primer día de clases. Esta experiencia me llenó de ira, así como un sentimiento de odio hacia la escuela y una desconfianza generalizada hacia todas las figuras de autoridad en mi vida.

A partir de ese momento, comenzó a gestarse una rebelión interior. Anhelaba una existencia más allá de los confines de los muros de la iglesia. Mi objetivo era escapar de las garras de la autoridad, tomar el control de mi futuro y crear mi identidad independiente de la iglesia. En lugar de que la gente se riera de mí, controlaría la narrativa y haría que se rieran conmigo. A veces hacía de payaso de la clase. Yo crearía la risa para que no fuera dirigida a mi costa.

Mirando hacia atrás, la mayoría de mis experiencias negativas con el abuso de autoridad sucedieron en esa escuela. El liderazgo era tóxico, en gran parte debido a su falta de respeto por la autoridad espiritual. No enumeraré todos los detalles aquí, pero una experiencia en particular ejemplifica la profundidad de mi frustración. Por una mentira contada por otro estudiante que resultó ser el sobrino del director, fui castigado. Esto intensificó el odio en mi corazón hacia la autoridad y hacia la iglesia. ¿Cómo podría alguna vez confiar en esta gente?

Alabo a Dios por sanar mi corazón desde que estas experiencias ocurrieron hace más de 37 años. El Señor me ha ayudado a perdonar y dejar atrás el pasado. La experiencia fue desafiante, pero estoy agradecido por las lecciones aprendidas. Estos eventos me enseñaron que la iglesia está dirigida por personas imperfectas, lo que significa que no todas las iglesias se gobiernan como Dios quiso.

Aunque la iglesia tiene la intención de representar a Dios en la tierra, este estándar no siempre se cumple.

No puedo enfatizar esto lo suficiente: Dios no es sinónimo de la iglesia. Dios es misericordioso, bondadoso y perdonador.

Él llama a sus seguidores a la humildad y él mismo la encarna tomando forma de hombre y sometiéndose a la muerte en una cruz (ver Filipenses 2:5-11). Dios no humilla, ni es contradictorio ni hipócrita. Dios es bueno y perfecto. Dios tiene grandes planes para todos nosotros, a pesar de cómo las personas puedan intentar desviar estos planes mediante acciones malvadas.

Desafortunadamente, las personas que buscan causarnos daño son a menudo las mismas personas que, según nos dicen, son dignas de nuestra confianza. Estas personas ocupan puestos de autoridad y son llamadas a representar el corazón y el carácter de Dios. Aún así, a menudo fracasan debido a la falta de piedad en sus propias vidas. Son personas falibles, como todos nosotros.

No permitas que estas personas te roben los planes o destruyan el futuro que Dios ha diseñado para ti. No permitas que las circunstancias adversas dicten la dirección de tu vida. Durante mi tiempo en la escuela, sin darme cuenta, cedí el control. Permití que me robaran una temporada de mi vida debido a eventos fuera de mi control. Estas situaciones, sin saberlo, plantaron en mi corazón semillas de amargura que luego echarían raíces.

Aunque pedí a Jesús que entrara en mi corazón a los cuatro años, el fuego de mi fe se había desvanecido de mi vida en unos pocos años debido a experiencias en la escuela, la iglesia y con mis supuestos "amigos" en el futuro. Había visto lo peor que el mundo tenía para ofrecer y cuanto más experimentaba, más anhelaba. De manera similar, cuanto más experimentaba el abuso de autoridad, más me resistía a la autoridad en general. Ni siquiera podía confiar en las figuras de autoridad positivas porque, para mí, pertenecían a la misma categoría que las figuras de autoridad que habían usado su poder para hacerme daño.

Una guerra total se libraba dentro de mí. Mi vida de iglesia y mi vida mundana estaban en conflicto acérrimo, y esta batalla espiritual duraría varios años. Aunque ya se habían disparado, en ese momento no me di cuenta de que las bajas apenas habían comenzado.

Capítulo Tres:
Paraíso Perdido

Antes de continuar con mi historia, es importante reconocer que, si bien los detalles de nuestras luchas pueden diferir, todos estamos atrapados en una lucha similar. Nos demos cuenta o no, todos estamos librando las mismas guerras que nuestros antepasados han estado librando durante años. Esta tensión no es nada nuevo. La tensión comenzó hace miles de años y continúa hasta el día de hoy.

Algunos de nosotros somos conscientes de lo que está sucediendo, pero otros lo ignoramos por completo. Algunas personas en el mundo creen que viven en un cuento de hadas. Aún así, algunos sienten un daño colateral porque permiten que experiencias y traumas pasados les impidan experimentar las promesas de Dios en sus vidas.

Sin embargo, también existe un reino invisible que es tan real como nuestro mundo físico. En este espacio existen seres majestuosos creados para servir al trono celestial de Dios. Trabajan en nombre de Dios para ayudar a llevar a cabo su plan. Los propósitos principales de estas figuras espirituales son el servicio, la adoración y la batalla. Aunque estos mensajeros y guardianes feroces tienen poderes que van más allá de nuestras propias capacidades, se parecen a nosotros en que también tienen la capacidad de elegir sus acciones.

Entre todas estas criaturas, hay una que es diferente a las demás. A este individuo se le dio poder y autoridad sobre todas las demás huestes celestiales. Aprendemos sobre este personaje único en pasajes como Ezequiel 28:12-15 (NTV), que dice:

"«Hijo de hombre, entona este canto fúnebre para el rey de Tiro. Dale este mensaje de parte del Señor Soberano: »"Tú eras el modelo de la perfección, lleno de sabiduría y de exquisita belleza. Estabas en el Edén, el jardín de Dios. Tenías la ropa adornada con toda clase de piedras preciosas —cornalina rojiza, peridoto verde pálido, adularia blanca, berilo azul y verde, ónice, jaspe verde, lapislázuli, turquesa y esmeralda—, todas talladas especialmente para ti e incrustadas en el oro más puro. Te las dieron el día en que fuiste creado. Yo te ordené y te ungí como poderoso ángel guardián. Tenías acceso al monte santo de Dios y caminabas entre las piedras de fuego. »"Eras intachable en todo lo que hacías, desde el día en que fuiste creado hasta el día en que se encontró maldad en ti."

Este Ser era un ángel (un ángel querubín, para ser precisos). En el mundo actual, los querubines suelen aparecer en pinturas y dibujos animados como niños obesos con alas. No sé quién creó esta idea, pero no se parece en nada a la verdad. Los querubines son figuras poderosas que caminan ante la feroz y ardiente gloria de Dios en el cielo. No son gordos ni débiles.

Hay varios tipos de seres espirituales descritos en las Escrituras, cada uno con diferentes rangos o deberes. Este en particular tenía joyas e instrumentos tallados en su cuerpo. Tenía una influencia superior a todos los ejércitos del Cielo y Dios le otorgó poderes y habilidades extraordinarios. Dios llamó a esta criatura "Lucifer" y le encargó liderar, dirigir y llevar a cabo las órdenes de Dios.

Desafortunadamente, Lucifer sucumbió a una fuerza mortal llamada pecado de orgullo que impregnó su corazón y su mente. Experimentó los peligros que leemos en Proverbios 16:18 (NTV) ("El orgullo va delante de la destrucción, y la arrogancia antes de la caída.") e Isaías 14:12 (NVI) ("¡Cómo has caído del cielo, lucero, hijo de la mañana! Tú, que sometías a las naciones, has caído por tierra.")

Donde existe orgullo, la caída está a la vuelta de la esquina. Como fue el caso cuando Lucifer cedió al pecado del orgullo, estas caídas a menudo ocurren desde lugares altos. Isaías relata esta tragedia en su profecía cuando dice: "Decías en tu corazón: «Subiré hasta los cielos. ¡Levantaré mi trono por encima de las estrellas de Dios! Gobernaré desde el extremo norte, en el monte de la reunión. Subiré a la cresta de las más altas nubes, seré semejante al Altísimo». ¡Pero has sido arrojado a los dominios de la muerte, a las profundidades del abismo!" Isaías 14:13-15 (NVI)

En su orgullo, Lucifer pensó que podría ser como Dios. Su corazón se endureció hasta el punto de pensar que podía derrocar al más poderoso que jamás haya existido: el mismo Ser que lo creó. Esto puede parecer una locura, pero es un recordatorio preciso de cómo funciona el pecado. El pecado te mentirá. El pecado te engañará. El pecado tiene un costo sustancial.

Considere esta historia del libro profético de Apocalipsis:

> *"Se desató entonces una guerra en el cielo: Miguel y sus ángeles combatieron al dragón; este y sus ángeles, a su vez, les hicieron*

frente, pero no pudieron vencer y ya no hubo lugar para ellos en el cielo. Así fue expulsado el gran dragón, aquella serpiente antigua que se llama Diablo y Satanás que engaña al mundo entero. Junto con sus ángeles, fue arrojado a la tierra. Luego oí en el cielo un gran clamor: «Han llegado ya la salvación y el poder y el reino de nuestro Dios; ha llegado ya la autoridad de su Cristo. Porque ha sido expulsado el acusador de nuestros hermanos, el que los acusaba día y noche delante de nuestro Dios.»

Apocalipsis 12:7-10 (NVI)

En última instancia, el pecado y el mal no ganan. En Lucas 10, Jesús les cuenta a sus discípulos que vieron a Satanás "caer del cielo como un rayo." Lucas 10:18 (NTV). Aunque las consecuencias del pecado son muy reales, tampoco representan el final de la historia.

Paradoja del Paraíso

A menudo vemos cambios de nombre en las Escrituras como una representación simbólica de un cambio de identidad. Después de su rebelión, Lucifer ya no fue llamado por su nombre original. En cambio, se referían a él como "Satanás" o "el diablo." El término griego para diablo es διάβολος ('diabolos') y tiene connotaciones maliciosas o calumniosas. De manera similar, el nombre Satanás significa oponente hostil. Jesús habla de estos conceptos en Juan 10:10 (NVI): "El ladrón no viene sino para hurtar, matar y destruir."

Después de la caída de Satanás, ya no pudo estar en la presencia de Dios debido a sus iniquidades. Más bien, se convirtió en adversario de todo lo que es bueno, santo, verdadero y puro. Se opone vehementemente a Dios, a Su Palabra y a Sus seguidores. Su objetivo es destruir el buen mundo que Dios creó. Satanás es el padre del pecado y odia todo lo que pertenece a Dios. Estás incluido en este grupo ya que fuiste creado por Dios y formado a su imagen.

La guerra que ocurre en nuestras vidas existe debido a la presencia de Satanás en el mundo. Él y sus ángeles caídos harán todo lo posible para distraer o descarrilar el plan de Dios en tu vida. La guerra que comenzó en el Cielo ahora se desarrolla en la Tierra. No durará para siempre, pero debemos ser conscientes de su impacto en nuestra vida cotidiana.

Juan nos recuerda este significado en Apocalipsis 12:12 (NVI) cuando escribe: "¡Alegraos, pues, cielos y vosotros que moráis en ellos! ¡Ay de los habitantes de la tierra y del mar! Porque el diablo ha descendido a vosotros con gran ira, sabiendo que tiene poco tiempo."

Satanás no desea nada más que nuestra destrucción. Sueña con aniquilar todo lo bueno de nuestras vidas. ¿Cómo responderemos?

La Guarida del León

En agosto de 1994 se inició el nuevo año académico. Recientemente me había graduado del octavo grado en la escuela privada de nuestra iglesia y me estaba preparando para asistir a una escuela secundaria pública. Este territorio era completamente extraño y no tenía idea de lo que me esperaba.

Me sentí como carne fresca en una cueva de leones hambrientos. El primer día llevaba una camiseta con una cara gigante de Jesús en el frente. Tenía la intención de que todos supieran quién era yo y qué representaba. Para ser honesto, fue un extraña decisión. Todos deberían sentirse libres y sin miedo de vivir su fe, pero sólo cuando tengan la fuerza necesaria y convicciones genuinas. Yo no tenía ninguno de los dos. Mi postura era débil y mi fe estaba tambaleándose.

Algo en usar esa camiseta les comunicó a mis nuevos compañeros de clase que estaba listo y abierto a un desafío. Eso tampoco era cierto. No estaba ni mucho menos preparado para la alienación resultante. Cuando entré a la cafetería para almorzar, pasé por mesa tras mesa que estaban llenas o eran poco acogedoras. Encontré la última mesa vacía y me senté solo. Finalmente, otros dos "rechazados" que no pudieron encontrar ningún otro lugar donde sentarse se sentaron a mi lado.

Mi primer pensamiento fue "Odio la escuela secundaria." La segunda fue la misma intención que tuve el primer día de primer grado cuando mi profesora de matemáticas me avergonzó delante de toda la clase: "No dejaré que esto vuelva a suceder."

Al día siguiente me vestí como los demás niños. Le pedí a mi mamá que me llevara a la tienda para poder comprar la misma mochila que tenían todos los demás. No estaba dispuesto a vivir con el rechazo y estaba dispuesto a hacer lo que fuera necesario para ganarme la aceptación y escapar de esta situación indeseable. Ciertamente no ayudó que comenzará en una nueva escuela después de ocho años de escuela privada. La mayoría de estos niños se conocían desde la escuela primaria y secundaria.

Esto no me impidió intentar encajar. Durante los meses siguientes, aprendí a hablar como los demás niños. Hice los mismos chistes que ellos. Busqué oportunidades para llamar la atención y prioricé la atención de los demás para encajar. Después de seis meses de arduo trabajo, me llamaron de la mesa de "rechazados" cuando otro grupo se ofreció a hacerme sitio. Finalmente encajé. Y me gustó.

Todos queremos llamar la atención. A nadie le gusta que lo ridiculicen o lo dejen de lado. El miedo al rechazo, los recuerdos del pasado y las experiencias humillantes nos llevan a hacer cosas que de otro modo no haríamos. Creemos que estamos operando en modo de supervivencia, pero en realidad actuamos por miedo a los demás.

No tengo la intención de poner excusas por mis decisiones. Dije e hice cosas malas porque no me importaba. Mi único deseo era sobrevivir en la guarida de los leones, pero estaba perdiendo una batalla más crítica. Me creí las mentiras de Satanás. Comencé a alejarme de mi iglesia y de los principios de la Palabra de Dios. Los cimientos construidos en los primeros días de mi vida fueron reemplazados gradualmente por los deseos mundanos y los deseos de la carne.

Malas Decisiones

En el segundo año, estaba con un grupo que no compartía ninguno de los valores que mi familia me inculcó desde que era niño en la granja. Estaba aprendiendo más de lo que jamás hubiera imaginado sobre las drogas, el sexo y otros temas que deberían estar fuera del alcance de los estudiantes de secundaria. Desafortunadamente, dado el estado de nuestra sociedad, estos son problemas demasiado comunes para los niños de esta edad. Muchas personas ya no dan prioridad a los límites y te llamarán intolerante o intolerante si intentas crearlos.

Como no tenía normas firmes, encontré demasiadas oportunidades para experimentar tentaciones que comprometían mi fe. Si supieras mucho sobre las personas en cuyos hogares ocurrieron estos eventos adentro, te sorprenderías. Estas no eran las personas que uno esperaría que organizaran este tipo de reuniones. Muchos de ellos eran feligreses. Quizás eran demasiado ingenuos para saber lo que estaba pasando, o quizás simplemente no les importaba.

Sé que esto sigue sucediendo hoy en día, a menudo a edades más tempranas que nunca. A medida que la idea de los límites corre aún más peligro, muchas personas no logran trazar la línea entre el bien y el mal. No tenía más de doce años la primera vez que vi pornografía, y recientemente vi una estadística que decía que los niños de hoy suelen tener su primer encuentro cuando tienen cinco años. Esto indica que algo anda muy mal y está roto en nuestro mundo.

A medida que crecí, tuve la oportunidad de actuar ante varias tentaciones. Mi primer encuentro con las drogas ocurrió en casa de un amigo de confianza de la familia. Este fue un punto de inflexión crucial para mí. A partir de ese momento me sometí enteramente a la guerra de mi alma. Ya no me importaban los valores que me enseñaron cuando era niño. Abandoné todas las prácticas que había aprendido en casa y en la iglesia. Para soportar los malos hábitos que estaba desarrollando, comencé a robar.

Me da vergüenza decirte estas cosas, pero debes entender cuán lejos había caído desde donde comencé. Ahorraré algunos detalles porque no quiero glorificar nada de lo que hice. Simplemente quiero que comprendas el poder de la naturaleza redentora de Dios y el impacto de mis amorosos padres, quienes se negaron a dejarme vivir de esta manera.

Capítulo Cuatro:
El Camino de Regreso

Durante esos años perdidos en la escuela secundaria, mi corazón se enfrió. Seguía asistiendo a la iglesia, pero sólo porque no tenía otra opción. Me estaba volviendo bastante hábil para fingir que estaba haciendo lo correcto y siempre lograba evitar que me atraparan… al menos por un tiempo.

A pesar de lo que creía entonces, ahora reconozco que muchas personas en mi iglesia realmente amaban y servían a Dios. Había muchos creyentes que no eran hipócritas. Como era un adolescente resentido, simplemente agrupaba a todos en la misma categoría porque estaba enojado y era testarudo.

Mucha gente intentó comunicarse conmigo porque reconocieron que algo espiritualmente andaba mal. Doy gracias a Dios por mi ex pastor de jóvenes en la iglesia de Derry que me vio y por todas las mujeres sabias que oraban por mí con regularidad, incluso cuando mi corazón estaba duro. Mis padres siempre creyeron lo mejor de mí y me confiaron una gran libertad para ir y venir. En sus mentes, nunca les había dado una razón para no confiar en mí. Aún así, regularmente traicionaba su confianza y traspasaba los límites de nuestro hogar a sus espaldas.

Me negué a permitir que el amor piadoso que tanta gente me mostró cambiara mi corazón. No podía dejar que se afianzarán porque quería seguir viviendo de esta manera. Me estaba divirtiendo y amando la aceptación de mis compañeros y colegas. Incluso llegué borracho a la iglesia una mañana debido a una noche de fiesta después de trabajar en el parque de diversiones local.

A lo largo de esta etapa de la vida, Dios trató de llamar mi atención de manera sutil y misericordiosa. Cada interacción con un cristiano representó una oportunidad para confesar mis pecados y arrepentirme. En lugar de inclinarme, corrí más y más rápido en la dirección opuesta.

No puedo decir definitivamente si este fue el plan de Dios, pero sé que usó a una chica bonita para llamar mi atención. Quizás te preguntes si Dios obra de esta manera, pero creo que Dios puede usar cualquier cosa que desee para captar nuestra atención. El verano antes de mi tercer año, conocí a esta chica en la casa de una amiga después de una recaudación de fondos de la iglesia donde ella trabajó como voluntaria con su familia. No me había ofrecido como voluntario, pero después me presenté para pasar el rato. Aproveché la oportunidad para entablar una conversación con ella mientras todos los demás estaban limpiando después del evento.

Empezamos a salir poco después. Pensé que estaba enamorado, pero nuestra incipiente relación no era saludable. Al igual que yo, esta niña ocultaba muchas cosas a su familia, pero no vi esto como una señal de alerta. Quería estar con ella, y como ella asistía a la iglesia, decidí comenzar a asistir a la iglesia con ella (como habría hecho cualquier adolescente enamorado).

No sabía que Dios finalmente usaría esta relación para traerme de regreso a la iglesia. Para entonces, ya había dejado de asistir a nuestra iglesia local en Derry.

Quería distanciarme lo más posible de esta congregación. Mi papá trabajaba como vendedor ambulante y a menudo estaba fuera de casa. Cuando él no estaba, le hacía pasar momentos difíciles a mi mamá los domingos y miércoles cuando intentaba motivarnos para que asistieramos a la iglesia. Ella se cansó de mis discusiones y excusas y accedió a dejarme faltar a la iglesia a veces. A lo largo de la semana, las prácticas de varios deportes después de la escuela fueron mi boleto para evitar las clases nocturnas y los estudios bíblicos. Podría haber llegado a tiempo, pero hice todo lo posible para perdérmelo.

No quería estar en ninguna iglesia, pero me gustaba estar con esta chica y ella no podía escapar tan fácilmente como yo. Decidí que si ella tenía que estar allí, yo asistiría. A medida que pasaba más tiempo en la iglesia, me conecté con su pastor de jóvenes y su esposa. Esta relación jugó un papel importante al mostrarme el plan y el propósito de Dios para mí.

Aunque su influencia no se manifiesta plenamente hasta el siguiente capítulo de mi historia, aprecio sinceramente cómo me aceptaron de todo corazón a pesar de las opiniones negativas que la mayoría de la gente tenía sobre mí. Es cierto que su cabello oscuro rápidamente comenzó a volverse gris cuando me conocieron. ¡Puedo llevarme todo el crédito por esto!

Llamada Para Despertar

Asistí a un campamento de la Alianza Cristiana Misionera (CMA) en Mahaffey, Pensilvania, cuando era adolescente. Si no lo sabes, Mahaffey está cerca de Punxsutawney, Pensilvania, donde reside la famosa marmota Phil. He visto muchos primos, pero nunca al propio Phil. Me niego a esperar afuera a las 5 a.m. en el frío invernal para ver una rata glorificada.

La mayoría de mis recuerdos en este campamento tienen menos que ver con ver marmotas y más con pasar tiempo con amigos, jugar en torneos de voleibol y baloncesto, comer hamburguesas baratas en la cafetería y esperar en fila durante más de una hora cada noche después del servicio de adoración para tomar los famosos batidos del campamento. Sin embargo, hubo otras razones por las que fui. Mis motivos no eran del todo puros e hice muchas cosas que no debería haber hecho en este campamento.

Sin embargo, se me exigía que asistiera diariamente a los servicios religiosos en un edificio llamado "El Tabernáculo." Los líderes del campamento trabajaron duro para conseguir oradores entretenidos y músicos talentosos, pero mi corazón estaba duro. Nunca escuché a los oradores y no me importó en absoluto lo que tenían que decir. Estaba viviendo mi vida como quería y no tenía planes de cambiar de opinión.

Recuerdo una historia de las docenas de sermones que tuve que escuchar. Se trataba de un jugador de fútbol que sufrió una lesión espantosa que puso fin a su carrera. Después de un golpe brutal y una caída incómoda, el hueso de su tibia sobresalía de su piel. Esta fractura compuesta acabó con su carrera futbolística. Por una razón que no puedo explicar, la historia se me quedó grabada. Aún así, no podría decirte de qué se trataba el mensaje de esa mañana.

Después del almuerzo, estaba ansioso por ir a la cancha de baloncesto con mis amigos para comenzar un torneo en el que nos habíamos inscrito a principios de semana. Se terminó el grupo y se eligieron los equipos, pero este era nuestro primer juego. En defensa me enfrenté a un amigo de la infancia considerablemente más grande que yo con 5'8" y 165 libras, no era fácil de convencer. Sin embargo, tenía mucho trabajo por delante mientras intentaba mantener mi 6'2", 200- contraparte en libras.

En un momento del juego, giré rápidamente para ir tras un balón suelto. Mi amigo más grande intentó hacer lo mismo pero tropezó con mi pie izquierdo cuando intentaba agarrar el balón. El "chasquido" que siguió silenció momentáneamente a toda la corte, y el silencio ensordecedor fue rápidamente reemplazado por gritos horribles cuando todos, incluido yo mismo, vislumbraron mi pierna. Al igual que el jugador de fútbol de la historia que había escuchado esa mañana, mi hueso presionaba contra mi piel.

En pánico y en shock, recuerdo vagamente haber escuchado a un miembro del personal hablando por teléfono con el operador del 911. "Necesitamos una ambulancia. Tenemos una fractura compuesta." Mientras una multitud se reunía a mi alrededor para ver lo que estaba sucediendo, golpeé el suelo y me retorcí. Los intentos de otros de consolarme hicieron poco para adormecer el intenso dolor.

Mientras observaba a un hombre caminar hacia mí desde el otro lado del campamento con un maletín médico negro, mi mente estaba confusa. Sólo le faltaban 200 pies antes de alcanzarme, pero parecía que estaba a 100 millas de distancia. Cada segundo me pareció una hora y experimenté un dolor peor que cualquier cosa que pudiera haber imaginado. Para empeorar las cosas, una multitud de compañeros de campamento y miembros del personal me rodeaban y miraban fijamente mi pierna deformada.

Esta fue la primera vez que experimenté una fractura importante y cambió por completo los planes que pensaba que tenía para el próximo verano. Estos no eran planes saludables. Irónicamente, mi lesión puede haberme protegido del peligro autoinfligido y de las consecuencias naturales que estas actividades podrían haber producido. Sin embargo, cuando estos planes se evaporaron en un instante, me enojé.

Tumbado en la cancha con un dolor insoportable, pensé que el momento nunca terminaría. Después de lo que pareció una eternidad, el hombre estaba arrodillado a mi lado. Escuché la sirena a todo volumen de una ambulancia de fondo mientras me daba atención médica en la pierna. Cerré los ojos cuando él agarró mi pierna. Puede que hubiera cien personas rodeándome, pero todos estaban en silencio.

En un instante sucedió algo increíble. En un momento, estoy tirado en el suelo con los ojos cerrados. De repente, me enderecé. No sentí ningún dolor en mi pierna. Observé con asombro cómo este hombre deslizaba sus pulgares hacia abajo por mi hueso de la tibia. Pensé: "¿Mi pierna está recta? ¿Cómo es esto posible?"

En caso de que no estuviera claro, el hueso de mi tibia, que sobresalía de mi pierna hace menos de unos momentos, ahora estaba completamente recto y curado. ¡Mi pierna ya no estaba rota! El hombre desapareció en el bosque con su maletín médico. Cuando llegaron los paramédicos, quedaron tan impresionados como todos los demás que habían estado observando estos eventos. El consejero que los había llamado inicialmente les dijo que ya no los necesitaban y se fueron confundidos y un poco molestos.

Conocí a este consejero dieciséis años después. Estaba asistiendo a un evento de liderazgo de la iglesia donde el pastor James Llewellyn hablaba sobre un campamento juvenil en Mahaffey y un joven que fue sanado milagrosamente de una fractura compuesta. Aturdido, lo interrumpí y grité: "¡Ese era yo!"

El pastor James ahora se desempeña como pastor principal de la Iglesia Alianza de Greensburg en Greensburg, PA. Esto es lo que dijo sobre ese día en el campamento:

"Al principio de mi ministerio, me asignaron dirigir los deportes en el campamento de Mahaffey. En ese momento, cada trabajador con licencia tenía que ofrecerse como voluntario durante al menos una semana de campamento. El campamento familiar fue mi semana de servicio. En aquella época, el torneo de baloncesto era muy importante y muy competitivo. Una tarde, un equipo de jóvenes adultos estaba jugando un partido muy competitivo. Estaba trabajando en el soporte cuando escuché los gritos pidiendo ayuda.

Corrí a la cancha y vi a Dave tirado allí con un dolor insoportable. Miré y tenía una pierna rota y estaba mal. Tenía una fractura compuesta y se podía ver el hueso presionando contra la piel.

Inmediatamente mandé llamar al director del campamento y a la enfermera, y le pedí a alguien que llamara al 911 porque sabíamos que necesitaba atención médica. Estaba tratando de alejar a la gente de él mientras otros intentaban consolarlo y mantenerlo tranquilo. En medio de todo esto, un hombre bajó caminando. Recuerdo claramente que tenía un bolso y vestía camisa de vestir y corbata. Se arrodilló a su lado y dijo: 'Oremos todos.'

Mientras orábamos, todos cerraron los ojos y se tomaron de las manos. Cuando el hombre terminó de orar, abrimos los ojos; La pierna de Dave volvió a estar junta y completamente curada. Quiero decir, pudo levantarse y empezar a jugar de nuevo, curado. La parte más extraña de la historia es que esta es la primera vez que alguien ve al tipo antes o después. Cuando el hombre terminó de orar, simplemente se alejó y se internó en el bosque. Sigue siendo una de las experiencias más locas que he tenido en el ministerio.

Poco después, aparecieron la enfermera y el director del campamento y quisieron ver qué estaba pasando; En ese momento llegó la ambulancia y tuve que explicarles que fue sano.

Estaban un poco molestos. Llamé a la ambulancia pero dije: '¿Qué puedo decir? Le partieron la pierna por la mitad.'

Recuerdo que me preguntaron: '¿Cuál?' Señalé a Dave, que estaba jugando baloncesto, y dije: 'Ese niño.' Qué experiencia tan asombrosa del poder sanador de Dios."

Cuando miro hacia atrás y me pregunto por qué fui yo quien experimentó este increíble evento, reconozco que Dios estaba usando estas circunstancias para salvarme del camino oscuro por el que me dirigía. Dios necesitaba llamar mi atención y el recuerdo de este día es tan vívido ahora como lo era hace 26 años.

Dios puede hacer cualquier cosa en un instante, pero la vida no siempre funciona así. A veces, no escuchamos una respuesta a nuestras oraciones tan rápido como nos gustaría. Sepa que Dios todavía escucha sus oraciones incluso si no interviene instantáneamente, y no deje de acercarse a Dios con todas sus necesidades y deseos. Cree en Él y verás Su mano obrando en tu vida. Escuche las palabras de Jesús en Mateo 7:7-8 (NTV) cuando dice: "»Sigue pidiendo y recibirás lo que pides; sigue buscando y encontrarás; sigue llamando, y la puerta se te abrirá. Pues todo el que pide, recibe; todo el que busca, encuentra; y a todo el que llama, se le abrirá la puerta."

Siempre estaré agradecido por aquellos que oraron por mi alma. Me alegro mucho de que no se hayan rendido conmigo en mi terquedad. Si bien mi lesión en la pierna me sacudió por un momento, no me detuvo de la peligrosa persecución en la que me encontraba. Dios me gritaba, tratando de llamar mi atención, pero yo no escuchaba. La mayoría de la gente habría recibido el mensaje, pero yo no.

Lo que no sabía era que algo incluso peor que una fractura compuesta estaba a la vuelta de la esquina.

Amor Duro

Cuando el verano llegó a su fin y comenzó un nuevo año escolar, los recuerdos de mi experiencia en el campamento se desvanecieron rápidamente. Yo era el mismo adolescente testarudo y de corazón duro de antes. Un día, les mentí a mis padres y les dije que iría a la casa de un amigo después de la práctica de fútbol para hacer la tarea. La ubicación era importante, en parte porque esto era antes de los teléfonos celulares, y mis padres siempre quisieron saber dónde estaría en caso de que necesitaran comunicarse conmigo.

No fui a la casa de este amigo y, a menos que "tarea" fuera una palabra clave para drogarse, eso tampoco estaba en mis planes. Después de "brindar", mi amigo George (no es su nombre real) y yo decidimos reunir a un grupo de chicos para ir a una noche de gala en un bar y parrilla local. Nos sentamos en el restaurante y pedí mi pedido habitual de 20 alitas. Incluso cuando no estaba drogado, podía comer como un caballo y nunca ganar ni un gramo.

Cuando salió nuestra comida, estaba a punto de empezar a comer cuando uno de mis amigos me preguntó desde el otro lado de la mesa: "David, ¿por qué está aquí tu papá?" Pensé que estaba bromeando, así que le di una mirada momentánea y me reí.

"No, de verdad, él está aquí," dijo mi amigo con miedo en sus ojos.

El pelo de mi nuca se erizó rápidamente. La voz profunda de mi papá me recuerda a Darth Vader y casi puedes escuchar La Marcha Imperial cuando caminaba hacia la mesa.

Sin saberlo, intimidó a mis amigos; A esa edad, él también me intimidaba.

Mi papá caminó hacia nuestra mesa. "¿Pensé que estabas en la casa de tu amigo estudiando?" Su voz tenía un tono serio mientras resonaba su voz.

"Papá, vine aquí después de que terminamos de estudiar para comer con los chicos," mentí.

"Vamos," dijo mientras agarraba la parte de atrás de mi camisa y me levantaba, casi causando que la silla en la que estaba sentada cayera al suelo.

"¡Pero tengo que pagar por mi comida!" Repliqué.

"Tus amigos están pagando por tu comida," gritó mientras me llevaba al estacionamiento. Observé la mesa mientras nos íbamos y vi las caras pálidas y atónitas de cada uno de mis amigos mirándome.

El camino a casa fue oscuro y silencioso. "Papá, ¿de qué se trata todo esto?" Pregunté indignado. Él no respondió. Me estaba enfadando y rápidamente recuperé la sobriedad. En ese momento, la adrenalina empezó a recorrer mi cuerpo. Me hizo sentir más alerta y consciente de lo que me había sentido en algún tiempo. Sabía lo que vendría. Lo sentí profundamente en la boca de mi estómago. Me habían atrapado y estaba aterrorizado.

Cuando llegamos a casa, mi papá todavía no había dicho una palabra. Cuando entramos, mi mamá y mi hermana menor estaban sentadas en el sofá de la sala. Cerca, en la mesa de café, estaba mi paquete de drogas. Mi madre estaba llorando.

"Charity, ve a tu habitación," le exigió mi papá a mi hermana.

Mis padres estaban destrozados y no era un espectáculo agradable. No tuve respuestas cuando mi mamá me suplicó que le dijera por qué. Mi papá quería saber de dónde conseguí las drogas. Con la esperanza de apaciguar la situación, le dije. Mi papá dijo que había estado en su habitación orando cuando sintió que Dios le hablaba y le decía dónde buscar en mi habitación. Cuando revisó esa ubicación, encontró lo que sospechaba que estaba escondiendo.

"Esta noche dormirás en la habitación de tu hermana con la puerta abierta," dijo mi papá. Su habitación estaba justo enfrente de la de ellos. Dijo que quería asegurarse de que no huiría.

Esto sonó extraño. ¿Por qué huiría?, pensé. Rápidamente se hizo evidente con el siguiente comentario de mi padre.

"Mañana te llevaré a la comisaría y te entregaré."

No tenía palabras. Simplemente estaba petrificado por lo que podría pasar a continuación. "Será mejor que ores para que Dios tenga misericordia de ti," me amonestó mi papá.

No podía pensar en la última vez que había orado, pero oré esa noche. Cuando crees que podrías ir a la cárcel, todas las apuestas están canceladas.

Misericordia

Al día siguiente, pasé por las celdas de la comisaría de policía de Latrobe hasta que llegué a una oficina con una sola silla sentada en el medio de la habitación. Si alguna vez has visto un documental llamado "Scared Straight" (asustado de hacer un buen ciudadano), puedes imaginar lo que experimenté ese día.

No recuerdo mucho, pero recuerdo haber cumplido plenamente. Respondí todas las preguntas e hice todo lo que el oficial me pidió. Este oficial en particular era una figura imponente. Él era la imagen de la masculinidad, una figura perfectamente cincelada que me escupía en la cara mientras gritaba (no hablaba).

Tenía suficientes drogas en mi poder para justificar cinco años. También tenía edad suficiente para ser juzgado como adulto. No quería ir a la cárcel. Siempre piensas que serás duro en situaciones como esta, pero rápidamente me vendí cuando tuve la oportunidad de salvarme.

Éramos yo o el otro tipo, y tiré al otro tipo debajo del autobús. A partir de ese día, me tildaron de narcotraficante en la escuela secundaria. La policía estaba decidida a descubrir el origen de estas drogas y yo cooperé. Debido a mi disposición a compartir información y la osadía de mi padre al entregarme, la policía confió en que estaba en manos capaces y me permitió regresar a casa.

No tuve que ir a la cárcel ni me enviaron a ningún programa. Me quedé estupefacto. Conocí a niños que hacían menos y aún tenían que cumplir condena. ¡¿Qué estaba pasando?!

Mirando hacia atrás, creo que Dios me mostró misericordia. Si se presentaran cargos, habría descarrilado el plan que Dios tenía para mí más adelante en la vida. No lo sabía entonces, pero esas decisiones tontas casi arruinaron el increíble futuro que Dios había diseñado para mí.

Servimos a un Dios que escucha nuestras oraciones incluso cuando estamos en nuestro peor momento. Dios elige tener misericordia de nosotros y nos da infinitamente más de lo que merecemos. Estoy agradecido de que Dios sabe lo que necesito más que yo, y no sé dónde estaría si Dios no me hubiera salvado de mí mismo. Resueno plenamente con las palabras de Pablo

de Romanos 5:6 (NTV): "Cuando éramos totalmente incapaces de salvarnos, Cristo vino en el momento preciso y murió por nosotros, pecadores."

Dios te ama demasiado como para verte desperdiciar tu vida. Recibí tremenda misericordia en uno de mis momentos más bajos, tanto de mi Padre Celestial como de mi padre terrenal. Es increíble cómo el amor duro y la misericordia pueden trabajar juntos para llamarnos a regresar a la vida que debíamos vivir.

Redención

Esa intervención fue horrible y necesaria; semanas después, todavía estaba pagando el precio. Desde ese día estuve básicamente bajo arresto domiciliario. No tenía privilegios telefónicos, me suspendieron del equipo de fútbol y no podía usar los autos de mis padres. Mi novia y yo rompimos porque sus padres (comprensiblemente) querían que yo estuviera lo más lejos posible. Ni siquiera podía orinar con la puerta cerrada. Todo lo que podía hacer era asistir a la escuela, asistir a la iglesia, comer con mi familia, y leer libros.

Un día, recibí una llamada de un amigo de la iglesia con quien no había salido desde hacía algún tiempo. Lo llamaré Marcos, aunque no es su nombre real. Marcos estaba disgustado conmigo porque sentía que estaba desperdiciando mi vida. Aunque había perdido mis privilegios telefónicos, mis padres me permitieron hablar con Marcos. Me invitó a un estudio bíblico de grupo pequeño en la casa de nuestro ex pastor de jóvenes en Derry. En ese momento, todavía iba a la iglesia de mi ex novia con la esperanza de verla, a pesar de que sus padres no me lo permitían.

Como tenía muchas ganas de salir de casa, acepté su invitación. La noche que fui, estábamos estudiando el libro de Filipenses. A diferencia de mis días en el campamento de verano, escuché atentamente las palabras del pastor. Me cautivó lo que tenía que decir sobre el amor de Dios por nosotros.

Esa noche me llevé el libro de estudio a casa y continué leyendo. Yo estaba en un sofá de nuestra sala de estar y mi papá estaba sentado en el sofá de enfrente. Todavía no habíamos hablado mucho desde el incidente de hace unas semanas, así que me sorprendió cuando empezó a hablar.

"David, he estado orando por ti y sé lo de los libros debajo de tu cama." Se refería a mi pila de libros de brujería. Como mencioné antes, mi camino se estaba volviendo bastante oscuro. "Dios me habló y me dijo que si algo no cambia en tu corazón y mueres hoy, irás al infierno."

Sentí como si un rayo acabara de golpear mi pecho. Era como si el sofá hubiera desaparecido debajo de mí y pudiera mirar directamente al abismo del infierno. Era una sensación extraña, pero terriblemente real. Las palabras no pueden describir completamente lo que experimenté en ese momento.

A pesar de lo sorprendido que estaba, traté de mantener la calma. Me levanté lentamente, caminé hacia mi habitación y me arrodillé junto a mi cama. Comencé a sollozar incontrolablemente, abriendo mi corazón a Dios y suplicando perdón.

Esta fue la noche en que le devolví mi corazón a Jesús cuando tenía 17 años. Comencé a leer mi Biblia por mi cuenta para aprender lo que me había estado perdiendo todo el tiempo y eso me transformó. Versículos como Romanos 6:23 (NTV), que dice: "Porque la paga del pecado es muerte, pero la dádiva de Dios es vida eterna en Cristo Jesús nuestro Señor," reemplaza las creencias malvadas y auto saboteadoras que había llevado durante mi adolescencia.

Ya no tenía miedo de ir al infierno. Ya no sentía dolor, desilusión, vergüenza ni vergüenza por lo que había hecho, a pesar de que vivía en un pequeño pueblo donde todos sabían lo que había sucedido. El vacío en mi corazón desapareció, lleno de la presencia de un Dios amoroso que me había estado persiguiendo todo el tiempo, incluso cuando no lo reconocía.

Mientras recostaba mi rostro en la cama, el peso de la misericordia de Dios se posó sobre mí. Regresé a Él. Regresé al lugar al que pertenecía. Estaba en casa.

Yo era el pecador perdido del que habló Santiago cuando escribió: "pueden estar seguros de que quien haga volver al pecador de su mal camino salvará a esa persona de la muerte y traerá como resultado el perdón de muchos pecados." Santiago 5:20 (NTV)

Esa noche fue una de las mejores noches de mi vida. Fue la noche en la que realmente aprendí lo que significa recibir el regalo gratuito de Dios del perdón de los pecados, hecho posible por el sacrificio de Su Hijo, Jesucristo.

Capítulo Cinco:
Propósito de Fuga

A veces no sabes el rumbo de tu vida y eso está bien. No siempre es necesario tenerlo todo resuelto. Lo peor que puedes hacer es rendirte y dejar de moverte. No puedes dirigir un barco estancado, y ¿de qué sirve un barco si no te lleva a ninguna parte?

La vida no puede ser una aventura no planificada. Es descuidado, peligroso, derrochador y daña a quienes más amas. Tuve que aprender a trazar un rumbo en lugar de conducir sin rumbo.

Puede que no lo haya tenido todo junto. Puede que no haya tenido un plan para los siguientes 5 años. Sin embargo, una cosa que sí tenía era pasión por algo más grande en la vida y estaba dispuesto a seguir ese deseo de descubrir más. ¡Nací para algo más de lo que estaba experimentando y estaba decidido a encontrarlo! Entonces no me di cuenta de que el "ahora" que experimentamos es necesario para prepararnos para "más" en el futuro. Tuve que aprender esto de la manera más difícil.

Cada uno de nosotros tiene un deseo y un anhelo innato por las posibilidades de lo que podría ser en la vida. Nacemos con la pasión por algo más y el deseo de dejar un legado duradero. Queremos saber que nuestras vidas cuentan algo.

Eclesiastés 3:11 (NTV) dice: "Él sembró la eternidad en el corazón humano." Este deseo innato de algo más grande impulsó mi viaje inicial para descubrir el propósito y el plan de Dios para mi vida.

Dios bendiga las almas y ministerios del pastor Carl y Norma Emerick. Ellos fueron responsables de ayudarme a darme cuenta de que Dios aún podía usarme para sus planes aunque todavía fuera un desastre. Me ayudaron a ver que Dios aún no había terminado conmigo.

Volver a Dios no me transformó en un adolescente perfecto y de buen comportamiento de la noche a la mañana. Estaba comprometido a asistir a la iglesia y ansioso por demostrar que había crecido y me había convertido en una mejor persona. Quería que todos notaran esta transformación, principalmente porque me allanaría el camino para pasar tiempo con la chica a la que no tenía permitido ver.

Una noche, me ofrecí como voluntario para ayudar con un evento del ministerio infantil. Sólo había vuelto a asistir a la iglesia durante dos semanas después del incidente que involucró a mi padre y la policía. Si bien realmente quería servir y tomar las decisiones correctas, mis deseos egoístas persistieron simultáneamente y los padres de la niña no se dejaron engañar.

Un cambio de opinión no significa que lo tengamos todo resuelto. Todavía tenemos que crecer en nuestra fe y madurar. Mi curva de aprendizaje fue más pronunciada que la de algunos de los otros adolescentes que estuvieron presentes. Al recordar mi transformación gradual, me vienen a la mente las palabras de 2 Corintios 3:18 (NTV): "Así que, todos nosotros, a quienes nos ha sido quitado el velo, podemos ver y reflejar la gloria del Señor. El Señor, quien es el Espíritu, nos hace más y más parecidos a él a medida que somos transformados a su gloriosa imagen."

Estaba cambiando y creciendo en mi fe. Estaba aprendiendo a ser más como Dios y a hacer las cosas que me ayudarían a encontrar el mayor éxito y satisfacción en la vida. Estaba aprendiendo a servir. Carl y Norma me amaban incondicionalmente y vieron un tremendo potencial en mí, aunque apenas me conocían. Yo era un joven desagradable, enérgico y lleno de sueños, y ellos reconocieron que Dios me estaba guiando hacia ellos y que necesitaba su ayuda. Nunca regresé a la iglesia de mis padres, pero ellos estaban felices de que fuera a alguna parte.

A pesar de los motivos equivocados subyacentes para asistir, al menos estaba en la iglesia. Escuché la Palabra de Dios predicada, como nunca antes la había escuchado. Carl y el pastor principal de la iglesia tuvieron el don del Señor de compartir verdades eternas de la Biblia que resonaron profundamente en mí. De repente, estos principios empezaron a tener sentido. Estaba escuchando la verdad de una manera que podía entender. ¡Quería más! A diferencia de la última vez, estaba escuchando y eso marcó la diferencia.

Cuanto más escuchaba, más comencé a aplicar las verdades bíblicas a mi vida de manera sencilla y práctica. ¡Cuanto más usaba estas verdades, más funcionaban! Esto era real y quería más. Empecé a amar asistir a la iglesia. Durante el resto de mi tercer año, la gente empezó a ver un cambio en mi vida. Ya no era la misma persona. Yo era diferente. Yo era la encarnación viviente de la persona que Pablo describe en 2 Corintios 5:17 (NTV).

> *"Esto significa que todo el que pertenece a Cristo se ha convertido en una persona nueva. La vida antigua ha pasado; ¡una nueva vida ha comenzado!"*

Me encantaba esta nueva vida que estaba descubriendo. No tenía idea de lo que estaba haciendo, pero quería estar cerca de donde tenía lugar toda la acción. Durante los dos veranos siguientes pasé casi todos los días en la iglesia. Después del trabajo o de las prácticas deportivas de verano, me sentaba en la oficina de la secretaria.

Puedo imaginar lo que cada uno de los miembros del personal de la iglesia pensó al verme, pero no quiero expresarlo. No sabían qué hacer conmigo los primeros días. Para ser justos, yo tampoco sabía qué hacer conmigo mismo. Por eso estaba allí. Estaba a punto de estallar. Quería aprender. ¡Quería hacer algo!

A medida que regresaba día tras día, empezó a formarse una rutina. Norma, la secretaría de la iglesia, me preguntaba cómo estuvo mi día. Ella comenzó a pedirme que la ayudara con proyectos en la iglesia. Estaba muy agradecido y ansioso por hacer cada uno. Como ahora era voluntario, a menudo me invitaban a almorzar con el equipo de Norma, el pastor Warner y su esposa, quien era su secretaria personal. El pastor Carl sólo podía unirse a nosotros ocasionalmente ya que tenía un trabajo de tiempo completo en el hospital local. Este equipo de personas amantes de Dios se abrieron a mi, impregnando de sus experiencias mi vida. Compartieron conmigo historias de los principios simples y milagrosos de la Biblia y me desafiaron a creer en Dios para lo mejor en mi vida. Me encantó cada minuto.

Yo también contribuí. Trabajé en Red Lobster y compartí mi descuento del 50% con todos. Fue un pequeño precio a pagar a cambio de los invaluables momentos que tendría durante los siguientes dos años.

Estos beneficios fueron mucho más allá de los almuerzos gratis. Con el tiempo me desempeñé como líder juvenil en el grupo de jóvenes y Carl y Norma continuaron invirtiendo en mi vida.

Ellos me incluyeron en cenas en su casa, cenas en restaurantes y viajes ocasionales para hacer proyectos ministeriales. Carl estuvo disponible para mí a todas horas del día. Tenía esta nueva hambre de saber más del plan de Dios para mi vida, pero todavía no sabía qué hacer con él. Aprendí a memorizar pasajes de las Escrituras de los sermones de Carl usando pequeñas tarjetas de 4x8.

Cuando luchaba contra las dudas y las tentaciones a altas horas de la noche, Carl estaba allí. Se reunía conmigo en Denny's para comer a medianoche y orar conmigo. Me enseñó cómo estar a solas con Dios y tener citas individuales con Él. Me enseñó a clamar a Dios por sanidad y a unir los pedazos rotos dentro de mí.

Tenía tanta hambre del plan de Dios, pero no tenía idea de qué era. Para entonces, ya me había graduado de la escuela secundaria y asistí a LaRoche College en Pittsburgh. Estaba jugando fútbol en la universidad y asistía a la escuela para estudiar diseño gráfico. No quería ir a la escuela de diseño gráfico, pero era bueno en el arte, así que decidí hacer una carrera en ello. Esta búsqueda sólo duró un semestre.

Dejé LaRoche College y regresé a casa para asistir a un colegio comunitario. Ahora iba a la escuela de enfermería, aunque no estaba particularmente interesado en ser enfermero. También estaba saltando de un trabajo a otro.

Norma me enseñó muchas cosas en esa oficina de la iglesia. A menudo decía: "No desprecies los pequeños comienzos." Este simple estímulo cambiaría el curso de mi vida.

Aventura en Tennessee

Una pequeña bellota eventualmente se convierte en un poderoso roble, pero no sucede de la noche a la mañana. Se necesitan años de paciencia y un suministro constante de los ingredientes adecuados (agua, nutrientes y luz solar) para producir crecimiento antes de llegar a ese lugar de prominencia.

Jesús nos enseñó que la fe funciona de manera similar en Marcos 4:30-32 (NTV). "Jesús dijo: «¿Cómo puedo describir el reino de Dios? ¿Qué relato emplearé para ilustrarlo? Es como una semilla de mostaza sembrada en la tierra. Es la más pequeña de todas las semillas, pero se convierte en la planta más grande del huerto; sus ramas llegan a ser tan grandes que los pájaros hacen nidos bajo su sombra»."

Las cosas grandes comienzan siendo pequeñas y les lleva tiempo convertirse en lo que deben ser. Si quieren producir los resultados correctos, deben alimentarse constantemente con los componentes esenciales. Lo mismo es cierto para nuestras vidas. En este momento de mi vida, no tenía mucha paciencia. Por eso Norma intentó enseñarme esta lección. Al final lo aprendería, pero lo hice mucho más complicado de lo que tenía que ser.

Yo tenía 18 años. Había abandonado trabajos varias veces. Estaba en medio del primero de muchos cambios de título en la universidad. Recuerdo sentirme muy frustrado y no saber dónde dar rienda suelta a los sueños que brotaban dentro de mí para hacer algo más. Recuerdo vívidamente una conversación muy directa con Norma que me acompañaría por el resto de mi vida adulta.

Me había detenido nuevamente en la iglesia de camino a casa después de clases. Para un joven de 18 años que constantemente "moría de hambre," ¡eso era como mi banquete diario de Acción de Gracias!

Tener 18 años y participar en deportes universitarios alargó peligrosamente el presupuesto de comestibles de mis padres.

Norma pedía a menudo Gino's Pizza, uno de mis almuerzos habituales favoritos en el pasado, y sigue siendo mi segunda pizza favorita en el mundo. Norma era una pequeña dama mexicana de Brownsville, TX, y me presentó muchas combinaciones de sabores nuevas e increíbles. Norma me enseñó a pedir la pizza con pimientos banana. También me presentó el mole auténtico, lo que despertó mi amor por la comida mexicana. Si es cierto el dicho "eres lo que comes", soy mexicano, ¡gracias a Norma![3]

Un día, tomamos un descanso para almorzar a pesar de que todavía teníamos trabajo que hacer. Norma me miró y se dio cuenta de que necesitaba ayuda. Vio a un joven con pasión y determinación que necesitaba desesperadamente tomar el timón del barco y dejar de soplar en todas direcciones con el viento. Cuando me dijo: "David, no desprecies los pequeños comienzos", escuché: "Deja de correr por todos lados tratando de resolverlo. Abróchate el cinturón donde te encuentras

---

[3] Supongo que esto también me vuelve un poco cobarde, especialmente teniendo en cuenta mi trabajo actual.

y haz lo mejor que puedas con lo que te han dado."
Luego explicó: "Trabaja duro justo donde estás y Dios
te bendecirá con más si se te puede confiar lo poco
que tienes ahora. Trabaja duro, haz lo mejor que
puedas y cuando sea el momento adecuado, las
puertas se abrirán para ti."

Esas palabras fueron una nueva vida para mi corazón
cansado y errante. ¡Oh, cómo me arrepiento de no
haber hecho caso a estas palabras! Escuché lo que
ella estaba diciendo, pero no pude escucharla
genuinamente. Sabía cuál era el curso de acción
correcto. Dios había hablado a mi corazón, instándole
a completar un semestre más en LaRoche College y
terminar mi primer año. Debería haber seguido esa
guía divina y quedarme para terminar fuerte. Debería
haber permanecido en el equipo de fútbol de mi
universidad y conservar mi trabajo en Baby Gap. Sí,
dije Baby Gap. ¡No juzgues! Estaban contratando
personal en el centro comercial cercano y yo
necesitaba los ingresos.

Sentirme ansioso me llevó a tomar la decisión
equivocada. Debería haber tomado en serio el consejo
de Norma. Por lo general, mi rutina era tomar el viaje
de una hora y veinte minutos a casa desde el norte de
Pittsburgh para quedarme en casa de mis padres
durante el fin de semana. Llegué a casa tarde una
noche mientras estaba sobre pensativo y batallando.
Estaba pensando en cómo necesitaba comenzar mi
futuro. No podía esperar más. Ya no quería tener
paciencia. Había decidido seguir adelante dos
semanas más, y esas dos semanas habían terminado.
¿Qué sabía Norma de todos modos? Si ibas a hacer
algo, no podías esperar. ¡Tenías que hacerlo realidad!

El semestre estaba a punto de terminar y las
vacaciones de invierno estaban cerca. ¡Si iba a hacer

algo tenía que ser ahora! Hablé con un amigo esa noche y le dije: "Estoy listo. Necesito irme." Después de colgar el teléfono esa noche a las 11 p.m., comencé a conducir, tratando de decidir qué hacer. Me detuve en una gasolinera para llenar el tanque del coche. Vi una hoja de ruta de Estados Unidos en un estante de atlas AAA. Recuerde que el GPS aún no existía y que los teléfonos móviles apenas habían comenzado a ganar terreno recientemente.

Compré el mapa y llené el tanque de gasolina. Mientras estaba allí, comencé a hojear el atlas y aterricé en Franklin, Tennessee. Decidí que sabía lo que debía hacer. Hice un viaje rápido de regreso a casa, al sótano, donde básicamente tenía mi propio apartamento. Mi padre se había hecho cargo de mi antiguo dormitorio como oficina, y una entrada independiente al sótano me permitía entrar y salir cuando quisiera.

Mientras mis padres y mi hermana dormían, comencé a empacar mi auto con ropa (sin maleta), obras de arte en mi cartera y una alcancía de dinero con una botella de Coca-Cola gigante de plástico. A medianoche, salí silenciosamente del camino de entrada para comenzar mi nueva aventura. Y vaya, ¡fue una aventura!

Franklin, Tennessee, es un suburbio ubicado justo al sur de Nashville, donde pensé que haría realidad mis sueños. El viaje comenzó en la oscuridad de medianoche y terminó en la oscuridad de las primeras horas de la mañana. Es una buena representación de mi mala elección de hacer el viaje en primer lugar. No solo fue físicamente oscuro: fue un momento igualmente oscuro de indecisión en mi vida que podría haber terminado mal.

Cuando caminas en la ignorancia, tomas decisiones basadas en tus sentimientos y te niegas a buscar consejo de personas con sabiduría y experiencia, tu viaje estará envuelto en oscuridad y peligro. Este es el peligro de esconderse en la oscuridad y no compartir lo que está pasando internamente con alguien.

A pesar de lo que puedan decir los llamados "expertos," usted no es su mejor maestro. ¿Puedes aprender de las consecuencias de las decisiones que tomas? ¡Absolutamente! Al mismo tiempo, evitarás las consecuencias negativas si no tomas la decisión equivocada en primer lugar. Esto es precisamente lo que me pasó a mí. Mi pastor siempre me decía: "Es mejor aprender de los errores de otra persona que de los propios." Después de este viaje descarriado a Franklin, aprendí esta lección en voz alta y clara.

¡Oh, cómo desearía haber aprendido del error de otra persona!

Podría haber encontrado una ruta mejor si el GPS hubiera sido fácilmente accesible en ese momento. Recuerde, la mayoría de la gente aún no usaba teléfonos celulares. Simplemente tracé una línea recta en el mapa desde Latrobe, PA, hasta Franklin, TN. Esa tenía que ser la forma más rápida, ¿verdad? Todo el mundo sabe que la distancia más corta entre dos puntos es la línea recta. En la oscuridad, me dirigí a un destino que estaba seguro tendría todas las respuestas cuando llegara.

¿Qué me hizo elegir Franklin, TN, de todos los lugares? Puede parecer gracioso, pero tuve este sueño en 1990, cuando tenía diez años. Quizás hayas oído hablar de la banda DC Talk, liderada por Toby McKeehan (más conocido hoy como TobyMac). Cuando escuché la música de DC Talk por primera vez, involucró mi alma y abrió mi creatividad e imaginación de una manera que nunca antes había experimentado en mis diez años de vida.

El primer CD que compré fue un álbum de DC Talk. Recibí un reproductor de CD portátil para Navidad para reemplazar mi desgastado Walkman. El álbum "NU Thang" acababa de ser lanzado. Recuerde, eran los años 90 y la gente todavía compraba CD cuando salían nuevos álbumes. Fui uno de los primeros en comprarlo y lo toque repetidamente durante todo el año. No es broma. No sabía que los CD se podían desgastar, pero el material plateado reflectante del disco de plástico puede desprenderse.

Tenía muchas ganas de conocer a estos muchachos y estaba decidido a encontrar una manera de trabajar con ellos. ¿Recuerdas que yo era artista? Pensé: "Podría crear obras de arte para sus promociones, portadas de CD, diseños de camisetas, ¡lo que sea!" Empecé a dibujar con furia.

Un par de años más tarde, tuve edad suficiente para unirme al grupo de jóvenes de nuestra iglesia y vivimos juntos muchas aventuras divertidas. Hicimos un viaje en particular a "Agape Farms" en Mt. Unión, PA (unas 80 millas al este de Latrobe) para asistir al "Festival de la Creación."

DC Talk se presentó en el festival ese año y quería conocerlos y exponer mi propuesta. Había estado trabajando en un boceto todo el año para presentárselo, con el plan de preguntarles si me contratarían como artista. La semana del festival estaba sobre nosotros. Montamos nuestras tiendas de campaña y cada noche hacíamos fila detrás del artista principal para conseguir autógrafos.

Llegó la noche de su actuación. Después de que terminaron de tocar, esperé en la fila de autógrafos para conocer a Kevin, Michael y el favorito de todos, Toby. La cuestión es que había dejado mi obra de arte en casa. Tenía demasiado miedo de que no les gustara.

En lugar de eso, llegué al frente y les pedí autógrafos. Con mi voz chillona de medio hombre de 12 años, le pregunté a Michael: "¿Alguna vez consideraste contratar artistas para que hagan obras de arte para tus promociones y esas cosas?" Me contactó y me dijo: "¡Sí, hombre! ¿Por qué? ¿Eres artista?"

Estaba extasiado. Respondí rápidamente: "¡SÍ!"

"Ven aquí un segundo," dijo Michael. Me llevó a un lado y anotó su número en una hoja de papel en la oficina de ForeFront Records. Él amablemente dijo: "Llámame y envíame algo para que podamos ver tu trabajo y considerarlo." Mis pies no tocaron el suelo durante todo el camino de regreso al campamento, ¡y nadie en nuestro grupo creyó lo que había sucedido! Nada estaba garantizado todavía, ¡pero sentí que toda mi vida acababa de cambiar!

En los meses posteriores al "Festival de la Creación" de ese verano, llamé al número que Michael me dio casi una docena de veces, pero siempre me acobardaba cada vez que alguien respondía. Inventé historias sobre por qué llamaba. Respondí: "Número equivocado," pregunté sobre la contratación y, a veces, simplemente colgué. Ahora, seis años después, un viejo sueño había regresado en las últimas horas de la noche. Cuando no pude encontrar un plan nuevo, recurrí a uno viejo.

Me sentí desesperado. "Hagamos esto de una vez por todas," pensé. Estaba conduciendo el viejo Toyota Camry de mi padre, con más de 200,000 millas recorridas, por las colinas de Kentucky cuando empezaron a amanecer las primeras luces. En ese momento ya llevaba 24 horas despierto. Estaba cansado pero no me desanimé en mi entusiasmo por lo que estaba haciendo y lo que me esperaba.

Estaba corriendo con pura adrenalina, y cuando ésta empezó a disminuir, la rellene con dos litros de Mountain Dew. Es probable que las cosas se pongan un poco raras cuando estás en medio de un viaje de más de 600 millas a través de las colinas de Virginia Occidental, Kentucky y Tennessee, especialmente como un estudiante universitario privado de sueño y con hábitos cuestionables. En un momento, incluso me pareció ver dinosaurios en las paredes rocosas mientras pasaba.

Afortunadamente, tuve las "agallas" (o la estupidez) de seguir adelante y superar los contratiempos. Personas menos "valientes" (o testarudas) se habrían apartado de la carretera y se habrían echado una siesta, pero yo tenía un destino y nada me detendría. Hice algunas paradas para llenar gasolina y "Dew" en algunas ciudades aterradoras de Kentucky. Estos son los pueblos sólo los has visto en películas de terror o thrillers. Sí, existen, pero no dejaría que me disuadieran de mi objetivo.

Un viaje que no debería haber durado más de 10 horas duró al menos 13, posiblemente porque nunca había hecho un viaje solo. Utilicé el método de la regla en el mapa y fue sólo una mala decisión en una sucesión de malas decisiones esa noche. Rápidamente aprendí que hay que viajar más despacio en las carreteras secundarias que pasan por desniveles pronunciados, especialmente cuando no hay barandillas y se ven carteles que dicen "peligro: se están utilizando explosivos." ¡Sí, eso es real! Mentiría si dijera que no tenía miedo, especialmente después de pasar por kilómetros de chozas consideradas casas construidas debajo de puentes.

Finalmente llegué a Nashville. ¡Estuve cerca! Decidí que sería una buena idea llamar a alguien para informarle dónde estaba. Ya era alrededor de la hora del almuerzo.

Me estacioné en el primer teléfono público que vi. Afortunadamente, tenía un banco entero de botellas de Coca-Cola lleno de monedas (al menos estaba lleno en una cuarta parte). Sabía que el amigo con el que estaba hablando la noche anterior estaría en la escuela, así que llamé a la escuela directamente.

Contestaron el teléfono en la secretaría y con mucha emoción les dije dónde estaba y qué estaba haciendo. Por alguna razón, no parecían tan entusiasmados como yo. Les conté mi plan y prometí contactarlos más tarde una vez que resolviera las cosas.

Cuando colgué el teléfono, no tenía idea de que se produciría una tormenta de fuego. Mi amigo pensó que sería bueno que algunas personas supieran lo que estaba pasando. No puedo imaginar por qué. Por "algunas personas" me refiero a todos. Este amigo les contó a mis padres, a Carl (mi pastor de jóvenes), a su esposa y a todos los que sabíamos lo que estaba sucediendo.

Estaba a sólo 30 minutos de Franklin. Busqué ForeFront Records en la guía telefónica para saber cómo llegar a mi próximo destino. Poco después llegué a un edificio decepcionante. Obviamente, este era un espacio alquilado para una operación mucho más pequeña de lo que había imaginado. ForeFront era una fracción del conglomerado EMI Records (ahora llamado Capitol Music Group). En mi mente, me había imaginado un edificio colosal para albergar a los enormes músicos y estrellas representados por este grupo.

Se me abrieron los ojos sobre cómo funcionaban las cosas en la industria musical ese día. Hablé con la recepcionista y le dije por qué estaba allí. Alguien de las oficinas de arriba vino a recibirme. Compartí mi propuesta y deseo de diseñar portadas de álbumes, promociones y otros proyectos artísticos. Me preguntó si tenía un currículum. No estaba preparado para que él hiciera esa pregunta. Primera oportunidad perdida.

Sin embargo, me llevó a un recorrido improvisado de 30 minutos por todo el edificio. Estaba muy feliz. Vi la sala de diseño, una operación de un diseñador gráfico sentado detrás de una computadora rodeado de portadas geniales y diseños originales en las paredes. "Vaya, no parece que contraten a muchos artistas gráficos," pensé. Ahí radica mi segunda oportunidad perdida. Podría haber preguntado con anticipación si estaban contratando y qué buscaban, pero no lo hice.

Continuamos el recorrido. Vi muchas cosas interesantes en las que estaban trabajando y mi guía fue muy amable y hospitalario. Creo que vio a un chico de 18 años que estaba perdido y buscando. Al final, estaba cargado de regalos y CD gratis. Incluso me ofreció almuerzo. Rechacé porque me di cuenta de que esto no era una entrevista de trabajo sino una cortesía hacia un niño por el que alguien se sentía mal. Estaba desconsolado y sólo quería irme y regresar a casa.

Me sentí tan tonto. Mi anfitrión rápidamente me siguió hasta el auto después de que le agradecí por su tiempo. Vio mi obra de arte en el asiento trasero con mucha ropa y dedujo lo que estaba pasando. Dijo que mi trabajo se veía genial, pero que no estaban contratando artistas gráficos. Casi me suplicó que pasara la noche en el sofá. Por más tontería y emoción, lo rechacé e inmediatamente conduje de regreso a Pensilvania.

Alguien me dijo una vez que si pasas tres días sin dormir, te consideran legalmente loco. No conozco esos hechos, pero si fueran ciertos, explicarían muchas cosas sobre mi vida después de este punto. Ya no podía razonar. No estaba pensando con claridad en absoluto. En el viaje de regreso a través de Virginia Occidental, pensé brillantemente: "Quizás debería llamar a alguien."

Llamé a mi mamá, quien estaba muy molesta y preocupada pero sorprendentemente no enojada. Llamé a mi pastor de jóvenes y a su esposa y descubrí que muchas personas estaban orando por mí. Oraron por mi seguridad. Ese día me sentí amado por mucha gente.

Milagrosamente, llegué a mi cochera alrededor de las 4 a.m. Sé que Dios estaba respondiendo mis oraciones y cuidándome porque no recordaba los últimos 30 minutos del viaje. Mi cerebro se había apagado por puro cansancio debido a estar despierto casi tres días seguidos. Lo último que recordé fue haber estacionado el coche.

Mi mamá quería hablar conmigo de inmediato, pero yo estaba "fuera" una vez que mi cabeza tocó la almohada. Volví a la conciencia y ya había comenzado a prepárate mentalmente para el castigo venidero. Mi papá acababa de regresar a casa de un viaje de negocios. Lo escuché bajar las escaleras y mi corazón se aceleró cuando el crujido familiar de cada escalón lo acercó al sótano. Sólo había unos 12 escalones, pero pareció una eternidad antes de llegar al final.

Lo que experimenté ese día fue muy diferente de lo que esperaba. Hubo amor, gracia, perdón y una gran misericordia una vez más. Mi papá me escribió una carta, que a menudo descubrimos que era una forma más fácil de comunicarnos durante los días tumultuosos de mi juventud. Una frase en particular saltó de la página: "David, podrías haber pedido ayuda y tu mamá y yo te hubiéramos ayudado a llegar allí."

"¡¿Qué?! ¿Alguien podría haberme ayudado?" Este pensamiento fue el concepto más extraño que llegó a mi cerebro subdesarrollado. ¡¿Por qué no había pensado en eso antes?!

Esta lección se destacó mucho por encima de todas las verdades y principios que descubrí en este viaje descarriado. Podría haberme acercado a alguien más sabio que hubiera vivido la vida y cometido errores por su cuenta, y probablemente habría tenido algo que ofrecerme. Mi papá era vendedor ambulante. Al menos, podría haberme ayudado a navegar el viaje.

Siempre hay gente a nuestro alrededor, pero estamos tan cerrados que nunca nos atrevemos a preguntar o pensar que alguien podría ayudarnos. De hecho, es lo mejor que podríamos hacer. No tengas miedo de pedir ayuda. Salomón lo dice mejor que yo en Proverbios 15:22 (NTV): "Los planes fracasan por falta de consejo; muchos consejeros traen éxito."

Este versículo es una verdad significativa que aprendí ese día y todos los días desde entonces. No puedes (y no debes) intentar hacer cosas por tu cuenta. Todos necesitamos a los demás. El éxito viene a través de MUCHOS asesores. Busque consejo, busque sabiduría y apóyese en aquellos en quienes pueda confiar y que hayan estado allí antes. Este viaje equivocado comenzó y terminó en la oscuridad, pero aprendí que no podía permanecer así para siempre. Y afortunadamente no fue así. Finalmente, recibí ayuda de quienes me cuidaron. La luz volvería a llegar al amanecer.

Quizás estés atravesando tiempos oscuros como mi viaje a Tennessee. Es posible que sienta que no hay camino hacia la luz o que la oscuridad no cesa. No es verdad. El amanecer siempre llega después del anochecer. Hay esperanza. Hay personas a tu alrededor que se preocupan, y si estás dispuesto a compartir los secretos que pasan por tu corazón y tu mente, rápidamente aprenderás que no estás solo.

Sepa en quién puede confiar. Acuda a esas personas de confianza y comparta sus pensamientos y sentimientos más íntimos. Si lo hace, descubrirá que, en primer lugar, nunca podría hacerlo usted mismo y que el éxito le espera cuando incorpora a otros a la ecuación.

Capítulo Seis:
Sigue Adelante

Mi primer semestre universitario terminó y el desastre de Tennessee quedó atrás. En el segundo semestre de mi primer año en el Community College, estaba siguiendo los pasos de lo que pensaba que debía hacer. El deseo persistente de descubrir el propósito de Dios para mí todavía estaba ahí y nada parecía satisfacerme.

Ese mismo año, asistí a una conferencia "Adquiera el Fuego" producida por un grupo cristiano llamado Teen Mania Ministries. Su objetivo era crear un evento para que los jóvenes se entusiasmaran con el servicio a Dios y les ayudarán a descubrir los planes de Dios. Ya había estado en un viaje misionero con este grupo a Monterrey, México, un año antes. Esta vez, respondería al llamado para asistir a su programa de un año de duración llamado The Honor Academy en Garden Valley, Texas.

Este lugar sirvió como un programa de pasante diseñado para que los jóvenes desempeñen diversos roles en el campus, todos destinados a ayudar a los misioneros a escala global. Los creadores del programa The Honor Academy lo imaginaron como un campus universitario, completo con capacitación y clases bíblicas. Su propósito era permitir a los estudiantes hacer una pausa en su vida normal y buscar fervientemente a Dios mientras ganaban claridad y dirección. Este concepto resonó en mí. Ya había gastado tiempo, dinero, y créditos universitarios en actividades que tenían poco significado, y necesitaba desesperadamente una mayor orientación.

A través del trabajo duro, ahorrando dinero y recibiendo apoyo mensual de mis padres y de la iglesia, recaudé los fondos necesarios para embarcarme en mi viaje hacia The Honor Academy en Texas. Reservé una expedición en autobús Greyhound de dos días que me transportó a Garden Valley. Con nada más que una maleta, mi fiel guitarra en la mano y la ropa que llevaba puesta, desembarqué sintiéndome completamente desorientado en este pequeño y pintoresco pueblo.

Debí parecer perdido mientras escaneaba mis alrededores en busca de mi vehículo designado, que no estaba por ninguna parte. La primera persona a la que me acerqué amablemente me ofreció trabajo y un lugar para quedarme. Me reí entre dientes porque, en circunstancias diferentes, podría haber aceptado la oferta. Sin embargo, esta vez tenía un destino claro en mente.

Al no poder llegar a mi lugar de transporte al campus, decidí probar suerte haciendo autostop por una remota carretera secundaria. En el calor abrasador de agosto, me sentí inmensamente aliviado cuando una camioneta Ford del tamaño de Texas se detuvo a un lado. Salté ansiosamente a la cabina y cargué mis pertenencias con la ayuda del conductor. En unos pocos minutos, llegamos a un oasis con un paisaje impresionante ubicado en medio de la naturaleza salvaje del estado de la Estrella Solitaria.

Era agosto de 1999. Me estaba embarcando en un viaje hacia algo mejor y más grande, lleno de esperanza de encontrar todas las respuestas que buscaba. Con cada interacción, clase y amistad que hice, me sentí un paso más cerca de encontrar mi camino. Estos sentimientos de certeza duraron tres meses antes de la decisión inicial la emoción disminuyó. Desafortunadamente, todavía no sabía qué quería hacer con mi vida. Sin embargo, estaba decidido a aprovechar al máximo esta oportunidad para seguir avanzando.

Al reflexionar sobre mi viaje, ahora comprendo que este lugar nunca tuvo la garantía de brindar todas las respuestas a mi llamado. Sin embargo, sí me aseguró que si lo abordaba con un corazón abierto y expectante, encontraría a Aquel que poseía todas las respuestas. El camino fue sin duda desafiante. En esos momentos, encontré consuelo en la sabiduría compartida por la esposa de mi pastor de jóvenes: "No desprecies los pequeños comienzos." Iba a aprovechar al máximo esta oportunidad.

Tuve el don de estar lejos de todo lo familiar para profundizar mi relación con Dios. No fue más fácil, pero estaba en una mejor situación mental para afrontar el desafío. Este programa brindó muchas oportunidades, pero dependía de mí seguir lo que me esperaba a continuación.

Mantente en Movimiento

"Más bien, golpeo mi cuerpo y lo domino, no sea que después de haber predicado a otros, yo mismo quede descalificado." 1 Corintios 9:27 (NVI)

Repetimos este versículo a medias en cada vuelta del sendero. Estaba completamente oscuro, hacía frío y a veces llovía. No quería elevar mi frecuencia cardíaca tan temprano.

Era hora de hacer ejercicio cada mañana a las 5:00 a.m. y correr nuestra milla. Lo odié. A los 19 años quería dormir más que hacer ejercicio. Incluso ahora, no soy particularmente ansioso por hacer ejercicio tan temprano en la mañana. Naturalmente, soy una persona nocturna. Mi mente se pone alerta y me despierto cuando llega la noche y hago mis mejor pensamiento. Aún así, sabía que este ejercicio era esencial para prepararme para lo que vendría, así que tuve que levantarme y ponerme en movimiento.

No sólo era necesario en esta pasantía, sino que quería poder escalar esa montaña de 14,115 pies en una día. La experiencia de su vida fue sólo unos pocos. Faltaban meses y necesitaba ponerme en forma para desempeñarme. esta hazaña. Allí arriba el aire estaba enrarecido. Tuve que construir mi salud cardiovascular y resistencia para lograr los objetivos desafío.

Los pasajeros subieron a los autobuses y comenzamos nuestro viaje a Colorado Springs, Colorado. Llegamos al campamento de la YMCA en las Montañas Rocosas, a poca distancia en auto de Pico de Pike. Aquí pasaríamos un día aclimatándonos al aire más fino. Fue una sensación muy diferente caminar con menos oxígeno que en los senderos de Texas. Estaba aún más agradecido de haberme esforzado para desarrollar el pulmón capacidad cada mañana hasta este momento.

Finalmente llegó el día de la escalada. Comenzamos la caminata antes del sol arriba. Vimos el amanecer en la base de la montaña mientras. Avanzamos a un ritmo bastante bueno para llegar a la mitad del camino a la hora del almuerzo. Unas horas después de nuestro ascenso, llegó el momento para nuestros PB & J

(Sándwiches de mermelada y crema de cacahuate) y mucha agua. Llegamos a la parada de mitad de camino. Todos estaban entrando arrastrando los pies. Unos cientos de nosotros nos congregamos. Teníamos unos veinte minutos para descansar y volver a equiparnos con nuestras mochilas para terminar el resto del viaje. Mientras miraba hacia la cima de la montaña, la caminata estaba a punto de volverse más complicada. El terreno estaba cambiando rápidamente.

Antes de continuar, los líderes del grupo fueron colocados en grupos de cinco o seis para asegurar responsabilidad si algo salía mal. Podríamos ayudar si hubiera una lesión, proporcionar primeros auxilios y confiar en unos a otros para animarnos. No todos éramos iguales en acondicionamiento. Algunos tenían lesiones y condiciones, y otros estaban en mejor forma. Al comienzo de nuestra caminata, los árboles eran altos y el bosque era espeso. Algunas horas después, los árboles comenzaron a aclararse, las extensiones se hicieron más extensas y el terreno mucho más empinado. El grupo empezó a reducirse también con la reducción del bosque. El aire también era mucho más tenue y cada paso se volvió más laborioso. Pronto comenzamos a pasar grupos que estaban sentados. Algunos tuvieron que retroceder debido a complicaciones.

"Sigue moviéndote." Esta frase se convirtió en nuestro lema. Cuando ciertas secciones de la subida se hicieron más empinadas con el terreno suelto en el sendero o los excursionistas no podían respirar, querían sentarse y recuperar el aliento. Nosotros lo haríamos permitiéndoles detenerse brevemente y tomar un poco de agua, pero nunca estaba permitido sentarse. Vimos algunos que no se atrevían a volver a levantarse. La única opción era seguir moviéndonos.

Después de varias horas, finalmente llegamos al inicio de las curvas y pude ver las montañas cubiertas de nieve, en el pico de la montaña. Nuestra línea de meta estaba un poco más lejos, adelante. La parte más desafiante de la subida estaba ante nosotros. Nuestra respiración era pesada y dificultosa, y pequeños pasos eran el nombre del juego. Pude ver que ante nosotros había un escalador solitario. El tenía un poco de sobrepeso, y su grupo se le había adelantado a él, porque no podía seguir.

Nos preguntamos entre nosotros: "¿Qué hacemos?" Este pobre no podía seguir y no podíamos dejarlo solo. Mentalmente, había terminado con esta subida; su cuerpo no se movía y quería regresar. En ese momento, significaba estar atrapado en la oscuridad en una montaña en Colorado con vida silvestre y sin equipo de supervivencia ni comida.

Hacía más frío a medida que nos acercábamos a la cima. Nosotros ahora estábamos al final de la tarde, a unos 1,000 pies de la cumbre del pico. ¡Estábamos tan cerca de nuestro destino! Meses de preparación llevaron a este momento, y ahora, en medio del sendero, no nos movíamos. Nuestro compañero interno dijo que no podía dar un paso más. Él estaba agotado, incoherente, respirando superficialmente y muy letárgico. "¿Qué debo hacer?" Pensé para mis adentros.

Seré honesto. La tentación estaba justo en la cima de mi mente permitir que el grupo del excursionista solitario se ocupe de él y seguir avanzando con mi grupo. Descubrí que no era el único que pensaba así. Su grupo ya había seguido adelante y lo dejó atrás. Sabía que no podía irme sin él, así que le hice preguntas para evaluar la situación. Nosotros nos mantuvimos a un lado del camino lo más posible para dejar que el otro grupo de excursionistas rodeara y pudiera pasar. Este camino se estaba volviendo peligroso especialmente cuando se volvió cada vez más concurrido y más empinado a un lado de la ruta. Estábamos en el último tramo para llegar a la cima y teníamos que encontrar una solución rápido.

Lo curioso es que no tenía idea de lo que estaba haciendo. No era un excursionista experto. Ni siquiera era un líder oficial en este punto. Yo era un nuevo interno esperando tener esta

increíble experiencia en la cima de la montaña. Ni siquiera lo sabíamos ninguno en mi grupo actual. ¿Cómo me metí en esta situación? Una cosa que aprendí desde el principio porque de momentos como este es que no siempre llegas a elegir los momentos que te definen. Muchas veces, el momento te elige. Dependiendo de lo que hagas, ellos podrían cambiar la trayectoria de tu vida y la de los demás para bien o para mal. ¿Reconocerás el momento cuándo viene?

Podría haber elegido ignorar a la persona que estaba justo enfrente de mí. En cambio, algo surgió dentro y dije: "¡Vamos a hacerlo!" Lo último que tenía en mi bolso era un paquete de

La gelatina de nuestro descanso de PB & J. Necesitaba azúcar en su sistema. Le dije: "Come esto mientras comenzamos a dar algunos pasos a la vez. Te dará energía y tendré mi mano en tu espalda." Él peleó conmigo por un minuto, diciendo "sólo quería que me dejaran en paz." Le dije: "No, tienes que seguir has llegado hasta aquí de lejos y estás llegando a la cima! ¡Vamos!" Las palabras de Pablo en Gálatas 6:2 (NVI) inundan mi mente mientras cuento esta historia: "Ayúdense unos a otros a llevar sus cargas y así cumplirán la ley de Cristo."

Este tipo no era mi responsabilidad. ¿Oh, si? Yo no lo conocía bien, pero lo había visto por el campus. El hecho es que este momento se me presentó. Tal vez él no era mi responsabilidad según las reglas mundanas, estándares, pero no podía elegir ignorarlo. Este chico tenía mi edad y necesitaba ayuda y aliento. No tenía ningún deseo de tomar el cargo de otra persona por esto, pero aquí estaba yo, empujando a alguien a su destino.

Muchas veces nos convertimos en personas cerradas durante nuestra vida. Nuestra visión se vuelve como la de un túnel respecto a nuestras rutinas diarias. Olvidamos que no somos islas. Dios nos puso aquí para hacer una diferencia y ayudar a otros en nuestra jornada. Pude haber pasado a su lado como muchos otros y mi celebración de hablar llegado a la cima hubiera sido mucho antes. Pero solo hubiera tenido mi propia recompensa de haberlo logrado. En vez de eso, le compartí de mi fuerza a alguien que no tenía nada, y ahora cuando caminábamos al final del camino, presencié un milagroso evento.

Jimmy (no es su nombre real) miró hacia arriba y vio la línea final. Algo sobrenatural tomó su cuerpo, con lágrimas y resolución en sus ojos, se enderezó y se llenó de fuerzas para correr. Cuando alcanzó la cúspide, el brinco arriba y abajo, declarando "¡Nunca había hecho nada igual en mi vida! ¡Nunca pensé que lo lograría! Mi mama nunca me va a creer." De pronto me abrazo y celebramos junto con los demás dándonos los cinco, y felicitandolo.

Esa tarde, él contaba a través de fotos y mencionaba lo fantástico de su histórico logro. No recibí ningún cumplido por eso, ni tampoco estaba buscando ningún reconocimiento de nada. Una cosa si paso. Mi viaje a la cima de esa montaña me dio la mayor satisfacción de ver a alguien lograr lo que parecía imposible. Él estaba con sobrepeso y astigmático. Él no tenía buena figura, no creo que él haya estado en buena figura nunca en su vida de acuerdo con sus datos de admisión. A pesar de los esfuerzos de las preparaciones meses antes, algo remarcablemente sucedió ese día. Alguien le creyó a Dios por cosas mayores que nunca hubiera imaginado que fueran posibles. ¡Y pasaron!

Todos nos enfrentamos a objetos o situaciones insuperables por delante de nosotros de vez en cuando. Cuando esto sucede, tendemos a congelarnos. A veces piensas: "Esto no vale la pena," y quieres volver atrás. Por favor, te lo ruego, SIGUETE MOVIENDO. Si puedes, pide ayuda, todos tenemos gente que nos rodea, tal como en esta historia. Muchos nos pasan de largo, consumidos por sus deseos y ajenos a las necesidades de aquellos que les precedieron.

Encuentra a aquellos que te vean. Pueden ser personas que conoces o a lo mejor extraños que tengan la reputación de ayudar a otros. Ve a ellos. Algunas veces lo único que necesitamos es una mano en nuestra espalda que nos anime y nos diga: "¡Vamos! Sigue adelante."

Es posible que esté pasando a otras personas en su camino hacia su destino. Mira a tu alrededor y ve quién te necesita. Se siente muy solo cuando llegas a la cima y no tienes a alguien contigo para celebrar. Es posible que hayas logrado todo lo que te has propuesto hacer, pero sin nadie con quien celebrar, chocar esos cinco, que te abrace y lloren lágrimas de alegría, ¿Cual es el punto? Esta vida es mucho mejor cuando tienes a alguien a tu lado que ha compartido el viaje contigo. Si no tienes a nadie, busca a alguien. Mantén tus ojos abiertos y busca la oportunidad. Puede que inicialmente parezca una carga, pero es tu momento. Al hacerlo, ayudas a esa persona a llegar más lejos de lo que crees. Alguna vez creíste posible, y encuentras alegría al saber que ¡Los ayudaste a llegar allí! Recuerda las palabras que Jesús compartió en Lucas 6:31 (NVI): "Traten a los demás tal y como quieren que ellos los traten a ustedes."

Justo cuando mi tiempo en la Academia de Honor estaba terminando, me volví muy consciente de la lección que acababa de aprender. Estaba solo. Quería encontrar a alguien que pudiera recorrer el viaje de la vida junto a mí. Antes de irme a casa en Pensilvania, recuerdo haber orado: "Señor, ayúdame a encontrar la chica que tienes para mí."

Ministerio Colegial

Apenas sobreviví, pasando un mes a la vez en el manejo de mis escasas finanzas que reuní para vivir allí en Garden Valley,Texas. Afortunadamente, mis padres encontraron una buena oferta y me ayudaron a conseguir un boleto de avión de regreso a casa para poder estar con ellos durante Navidad.

Mientras estaba en casa, mis amigos de la infancia empezaron a asistir a un grupo de ministerio universitario dirigido por dos jovencitas, Sara y Melisa. Tenían el deseo de crear un lugar donde los adultos jóvenes podrían reunirse con personas de ideas afines, cristianos y buscar lo mejor de Dios para sus vidas. Fue un momento extraordinario y único en el que la mayoría de los miembros de la Generación X estaban a la deriva y no sabían qué hacer. Esto creó un entorno donde pudimos descubrir el plan de Dios para nuestras vidas juntos.

La primera noche que asistí, me sorprendió ver 40 o 50 jóvenes apiñados en la pequeña sala de estar de Melissa, todos adorando a Dios, ansiosos y listos para escuchar una enseñanza de la palabra de Dios por uno de sus compañeros.

Me sentí algo celoso, como si me estuviera perdiendo de algo. Recori medio país para lograr, lo que estaba sucediendo en mi patio trasero. Mis frustraciones internas surgieron cuando nos dividimos en grupos más pequeños para orar y discutir lo que acabamos de escuchar.

Mientras recorríamos la habitación, cada uno de nosotros compartiendo, declaró tontamente: "No me gusta volver a casa y ver que estas nuevas personas se hacen amigas de mis amigos." Yo tenía FOBIA (miedo a perderme de algo). "Estaba bien sentir eso ¡Pero guárdalo para ti, David!" es lo que me debería haber dicho a mí mismo. Necesitaba ayuda para adaptarme a la vida real.

No sabía que había alguien sentado en la habitación esa noche quien más tarde sería la persona más importante que jamás entró en mi vida a partir de ese momento. Esta persona cambiaría para siempre la trayectoria de mi futuro. Esta persona era alguien por quien había estado orando, pero que todavía no nos habíamos encontrado cara a cara. Ella no estaba emocionada o impresionada con mis palabras o la arrogancia que emanaba y apestaba la habitación esa noche. Nosotros no nos conoceriamos oficialmente hasta la primavera siguiente, en Abril de 2000, cuando regresé definitivamente a casa después de la pasantía.

La Casa del Alfarero

En la primavera de 2000, estaba de vuelta en el buen Latrobe, Pensilvania. Regresé con pasión por hacer algo impactante y significativo. No tenía idea de qué eso se vería, pero esperaba que hiciera una diferencia positiva en este planeta.

Me mudé a un apartamento con cuatro de mis amigos más cercanos en Greensburg, 10 millas al oeste de Latrobe. En esta ciudad era el mismo lugar donde todos asistíamos al grupo de ministerio universitario. Fui a la escuela durante el día y trabajaba como repartidor de pizzas por la noche y los fines de semana. ¡Estaban sucediendo grandes cosas! Yo digo esto bromeando, pero estaba ganando dinero. Al menos yo estaba, la mayor parte del tiempo cuando no estaba siendo amenazado a punta de pistola o ser atropellado por conductores ebrios. Esto es cierto historias, pero las guardaré para otro momento. A pesar de todo, estaba comenzando mi edad adulta y estaba feliz por eso.

Una de las líderes del grupo universitario, Melissa, quería abrir una cafetería que sirviera como lugar para compartir el mensaje de Jesús. Una noche preste más atención y me cayó más profundo e inmediatamente me aferre a la idea. Estaba asistiendo a la escuela para terminar mi grado de negocio. La búsqueda de negocios despertó algo, y abrir esta cafetería me dio un enfoque y un propósito al que podía aferrarme.

Ya a los diez años tenía trabajos secundarios en la escuela, fabricando y vendiendo productos a otros niños. Los negocios y el emprendimiento siempre habían sido algo que yo hacía. Mis padres también siempre habían sido empresarios. Yo les ayudaba con trabajos secundarios en ocasiones. Aprecié este tipo de trabajo gracias a ellos a una edad temprana. Otros aparentemente también vieron mi inclinación por los negocios. Un adulto se me acercó en iglesia y dijo: "David, creo que deberías considerar cursando una carrera en negocios." Así lo hice.

Durante los dos años siguientes tuve la oportunidad de aplicar lo que había aprendido sobre negocios al presente proyecto de apertura de una cafetería que sería más que vender café. El nombre sería "La casa del alfarero," inspirada en Jeremías 18:2 en la NVI,

"«Levántate y baja ahora mismo a la casa del alfarero y allí te comunicaré mi mensaje»."

Desarrollamos un plan de negocios y diseñamos una campaña para presentarla a los inversionistas. En la primera cena que realizamos como anfitriones, conocimos una familia que estaba más interesada en nosotros que en el negocio de la cafetería misma. Vieron en nosotros un grupo apasionado que quería hacer algo grande y querían ayudarnos. Alrededor del año entrante nos invitaron a su casa y finca a pasar tiempo para guiarnos en los negocios.

Ellos también estaban calificados. Su familia poseía una gran editorial y distribuidora de libros crisitianos.

Ellos tenían las habilidades y nosotros teníamos un asiento en primera fila. Nosotros aprendimos mucho durante este tiempo. Lamentablemente nunca se dieron las cosas y no nada llegó a buen término. Lo más lejos que llegamos fue nuestros documentos de constitución y un inversionista que quería financiar todo el asunto. Luego, utilizó nuestro plan de negocios y lo hizo por su cuenta.

Aunque nada sucedió según lo planeado la experiencia fue extremadamente valiosa. Asistiendo a esto, el grupo impulsó el propósito mayor de buscar una relación más profunda con Jesús. Estábamos aprendiendo cómo hacerlo en el mundo real. ¡Tantos grandes sueños y relaciones nacieron de este grupo!

Escuela Matrimonial

¿Recuerdas a esa chica que mencioné antes que estaba allí en mi primera noche con el ministerio universitario? También era parte de esta empresa comercial y estaba tratando de conocerla.

Nos conocimos oficialmente en una de mis primeras noches después de regresar al grupo en abril de 2000. Tuvimos un orador invitado esa noche. Ella era una judía mesiánica y estaba realizando una comida del Seder (Pesaj). El Séder es la comida tradicional de Pascua prescrita en el Biblia para conmemorar el aniversario de la fundación de Israel éxodo milagroso de la esclavitud Egipcia hace más de hace 3,000 años.

Pasamos por cada etapa de la comida como nuestro maestro reveló el simbolismo. Estábamos sentados en el suelo alrededor de la mesa al estilo del Medio Oriente, y tenía el mejor asiento de la casa. Casi no recuerdo nada sobre la comida, pero lo que sí recuerdo son, los ojos azul verdosos más grandes y hermosos que jamás había visto.

Pertenecían a una bella dama llamada Kelly. Hice todo lo posible para asegurarme de que recordara mi nombre —¡qué noche!— usando mi encanto y tratando de hacerla reír.

Después de que terminó la noche, llevé a mi amigo Jonathan a su hogar. Tan pronto como nos fuimos, le dije: "¡Me voy a casar con esa chica!" En ese momento supe que Dios me había escuchado y respondió mi oración para que alguien viajara a través de la vida conmigo.

Agradezco que esta noche haya pasado porque no di la mejor primera impresión la primera vez que Kelly me vio en el grupo cuando lo visité en Diciembre. En mi ignorancia, no tenía ni idea de lo que hice. La dejaré contar la historia:

"Había estado asistiendo a un grupo de ministerio universitario (dirigido por gente de mi edad) durante unos meses y había hecho varias amistades nuevas. Una noche en casa de nuestro amigo (donde se llevaba a cabo el ministerio universitario), allí había algunas personas nuevas que no conocía. Había un chico en particular que aparentemente creció con muchos de los niños de los que ahora me había hecho amiga. Andábamos por ahí diciendo cosas que queríamos oración, como cosas con las que estábamos luchando en vida, etc. Este niño en particular, David, comenzó a decir cómo estaba teniendo dificultades para volver a casa (asistía en el estado de Texas durante una pasantía {servicio social} durante mucho tiempo), y ahora todos sus amigos tenían nuevos amigos, lo cual era extraño. Ahora me doy cuenta de que tal vez simplemente sentía que ya no encajaba, pero en ese momento pensé: '¿Quién es este idiota? Soy una de estas personas nuevas de las que está hablando. ¿No puedo ser amigos de estas personas porque son 'tuyos' amigos? Grosero.' Inmediatamente me apagó. Llevaba también este maletín con un plan de negocio dondequiera que fuera. ¿Qué chico de 19 años hace eso? Él era extraño.

Luego, algún tiempo después, cuando regresó de su pasantía, el ministerio universitario organizó un Seder judío comida para que todos la experimentemos. Se instaló una gran mesa en la sala de estar de nuestro amigo y estaba hermosamente decorada. Había traído conmigo a una de mis amigas de toda la vida, Juli, a este evento, y he aquí, adivina quién se sienta frente a nosotros... este chico David. Yo estaba como, uf, pero no sería grosera.

Sorprendentemente, empezó a hacer algunas bromas con nosotros, se rió un poco, pero a medida que avanzaba la cena, nos hicimos amigos y nos reímos a carcajadas. Yo estaba como, 'Este niño es gracioso,' y al final de la noche, vi una escena del lado completamente diferente de él. Sentí que nos habíamos hecho amigos, y él era alguien con quien me gustaría pasar el rato porque era muy divertido estar con él. Y probablemente una de las personas más divertidas que había conocido. Lo del maletín fue aunque, todavía me resulta extraño."

A medida que maduramos y crecimos, nuestro tiempo aquí comenzó a terminar. Afortunadamente, Kelly no pensó que yo era tan extraño después de todo, y una nueva y maravillosa temporada de nuestras vidas. Estaba a la vuelta de la esquina. El 23 de marzo de 2002, yo me casé con el amor de mi vida, Kelly Dawn Mays. Tuvimos siete chambelanes de boda y siete damas de honor, muchos de ellos eran de este grupo de edad universitaria. Muchos de ellos también se casaron entre sí. Todos tenemos increíbles familias y todavía están casados hasta el día de hoy. Este grupo, de multipropositos, ¡era escuela matrimonial! Olvídate de todo los sitios de e-mach y las aplicaciones de citas que existen. Tu lo conoceras a la persona adecuada cuando te pones en el lugar correcto.

Todas las lecciones y sabiduría aprendidas durante esta temporada entraría en juego muchos años después. Mis ex-compañeros de cuarto (ahora que todos nos estábamos casando y mudando) comencé a asistir a la iglesia de mi infancia. Esta era la iglesia de mis padres en la ciudad de Derry. Ellos me invitaron a regresar a donde había intentado huir durante años atrás.

Habían oído a través del viñedo que había un nuevo pastor en la ciudad. Dijeron que era uno de los más divertidos chicos que alguna vez habían escuchado. "Él podría ser un comediante stand-up me dijeron. Tuve que ir y escuchar a quien este predicador dinámico era para mí. Poco sabía yo que otro momento fatídico estaba a la vuelta de la esquina.

Capítulo Siete:
El Llamado

"Ahí está tu próximo pastor de jóvenes."

Estas son las palabras que Dios habló directamente a mi futuro pastor principal, Shawn Lyons. Fue mi primera vez de regreso a la iglesia, y esto es lo que el pastor Shawn escuchó tan pronto como me vio entrar por la parte de atrás de las puertas. Esto hizo que las cosas fueran increíblemente incómodas, considerando que recientemente contrataron a un nuevo pastor de jóvenes. Además, inscribirme al ministerio vocacional como pastor no está en mi radar. De hecho, cuando era más joven y asistiendo al Campamento Mahaffey (en el que me rompí la pierna), alguien me habló una palabra profética, diciéndome que estaría en el ministerio y hablando con la gente. Yo no quería tener nada que ver con lo que esta persona compartió.

Dejaré que el pastor Shawn comparta lo que experimentó domingo especial:

Su Nombre Era David

"Parecía una típica mañana de domingo. El servicio de adoración acababa de comenzar y mientras miraba hacia el otro lado del santuario de la iglesia, noté que nuestro pastor de jóvenes acababa de llegar a su asiento habitual. Fue entonces cuando el servicio dominical normal se volvió todo menos ordinario.

Sentí un fuerte impulso en mi espíritu de alguien que acababa de entrar al edificio.

Sentado en la primera fila, tuve que girarme para ver quién caminaba dentro. Pensé que debía haber sido alguien que conocía, como allí que, de repente, esta gran sensación de excitación y expectativa de ver quién sería, pero para mi sorpresa, no era nadie que yo conociera. No reconocí a esta persona o la joven que lo acompañaba. Fue entonces cuando sentí la voz del Señor diciendo: 'Ese es tu próximo pastor de jóvenes'. No estaba consciente de estar buscando a nuestro próximo pastor de jóvenes, pero Dios sabe todo lo que hay que saber sobre todo.

Después del servicio, se presentaron y poco después, comencé a reunirme con David para recibir asesoría de él. No pasó mucho tiempo después de que nuestro actual pastor de jóvenes decidió renunciar y tomar otro puesto en otro estado. Dios nos había provisto antes incluso de que supiéramos que necesitaríamos un nuevo pastor de jóvenes, y su nombre era David Grimm. David formó parte del personal con nosotros durante doce años, y en esos doce años, desarrollamos una relación maravillosa que aún compartimos hasta el día de hoy, a pesar de que Dios lo movió a la siguiente temporada de su vida y ministerio."

Esto era lo último que quería escuchar, ya que tenía un miedo mortal a hablar en público. Creo que, de alguna manera, desde ese momento, inconscientemente estaba corriendo y me alejaba de la iglesia cada vez que podía por miedo a quizás algún día tener que hacer un ministerio vocacional. No estaba listo para escuchar esto y le agradezco al Pastor Shawn que no lo compartió conmigo de inmediato.

Kelly y yo estábamos recién casados. Estábamos alquilando nuestra primera casa de renta juntos y decidimos hacer de Harvest Church nuestra iglesia local. Yo estaba trabajando en un Programa de rehabilitación de delincuentes juveniles en medio de la nada en el desierto de Pensilvania. Fue trabajo de turnos largos. Vivíamos siete días dentro y siete días fuera del campus. Cada dos semanas, esta era la rotación. Vivir con adolescentes que habían sido adjudicados o abandonados por sus familias fue una situación muy desafiante para un ambiente de trabajo. Estos niños no desean estar aquí, y muy pocos miembros del personal tampoco les gusta. los niños fueron duros y para los empleados casi inmanejables. La mayoría de nosotros éramos como estos niños, cuando teníamos su edad.

La rutina diaria era especialmente dura. Vivíamos en cabañas de estilo militar y hacíamos educación física al aire libre y proyectos laborales durante todo el año que requerían mucho esfuerzo. Recibiamos amenazas, agresiones físicas o gritos con frecuencia, todo ello mientras vivíamos lejos de nuestras familias. Como pueden imaginar, esta no fue la experiencia laboral más divertida, especialmente durante el primer año de matrimonio de Kelly y yo. Aunque conozco algunas parejas a las que les encantaría estar tan lejos el uno del otro, no quería verla por sólo la mitad del año.

Este trabajo fue un desafío mental, emocional, física y espiritualmente. Sin embargo, pagó las cuentas y proporcionó el seguro médico que necesitábamos.

Aproximadamente dos años después de esta rutina, estaba creciendo desesperadamente inquieto. Éste era un ritmo exigente para mantenerse al día, y la mayor parte del personal duró solo unos pocos meses. La rotación fue alta. Una y otra vez busqué trabajo. Casi todas las semanas marchaba hasta la oficina del director con un aviso de dos semanas, sólo para sentir una pausa para la espera y no seguir adelante. Estaba donde se suponía que debía estar incluso cuando no quería estar allí.

Diariamente pasaba tiempo orando con estos adolescentes con problemas. Y los discipulaba y animaba mientras aprendía a estar en las trincheras a través de todo lo que estaba pasando a través de la experiencia de cuando mi padre me entregó a la policía. Pensé que terminaría en un lugar como este. Aquí estaba yo, cumpliendo condena junto a estos niños tal como lo hubiera hecho yo si me hubieran arrestado a los diecisiete años. Trabajando allí había cumplido casi el mismo tiempo que me hubieran puesto lejos si hubiera sido juzgado. ¡Dios tiene un sentido del humor!

No sabía que Dios me estaba preparando para algo mayor. Estaba en un campo de entrenamiento que me lanzaría y mi esposa en la siguiente temporada crítica de nuestras vidas. Estuve tres años en esta instalación y todavía necesitaba descubrir qué hacer a continuación. Fui ascendido desde personal residente hasta director de cabina y podría irme a casa en las noches regularmente.

Sabía que estábamos al borde de que se abriera una puerta y oraba diariamente para que sucediera. Se sentía como si la puerta estuviera cerrada con candado y necesitábamos abrirla de par en par. Yo oré: "Señor, ayúdanos a abrir esta puerta y por favor elimina cualquier barrera que la mantenga cerrada. Ayúdanos a hacer cualquier cosa que nos estés llamando a hacer."

Mi corazón finalmente estaba listo para oír y recibir lo que vendría después. Un día después de la iglesia, el pastor Shawn se acercó a mí y me dijo: "Me gustaría ir a almorzar en algún momento de esta semana contigo si algún día estás libre."

Esa semana nos reunimos en un restaurante local, y lo único que recuerdo de nuestra conversación fue su simple declaración: "David, ora. Creo que Dios tiene algo para ti aquí en Harvest Church."

Fue un viento fresco para mi anhelante corazón. ¡Dios tenía algo para mí! Oré y oré año tras año para ver claramente lo que Él tenía para mí en la iglesia. Un día estaba de camino a casa desde el trabajo y finalmente, por frustración, declaré en voz alta en el en medio de mi auto, "Señor, ¿qué se supone que debo hacer?"

Tan claramente como grité en voz alta, escuché una voz audible: una respuesta de una palabra: "pastor." Casi me destrozó en el auto mientras giraba mi cabeza para mirar hacia el asiento trasero. ¡Estaba seguro de que había un polizón en mi auto! Con toda seriedad, los niños a menudo intentaban escapar, en mi lugar de trabajo. De hecho, mi colega consejero y mi amigo Tom le robaron el coche en medio de la calle. Una noche por un niño que lo condujo hasta el siguiente pueblo. El chico intercambió el vehículo, para que lo llevará al Bronx, Nueva York, de donde él era.

Recuerde, estábamos trabajando con delincuentes juveniles.

Giré el volante, apreté los frenos y patiné hacia el costado de la carretera. ¡Literalmente acabo de escuchar la palabra "pastor" en voz alta! Dios me habló y yo lo escuche.

Más tarde ese año, el actual pastor de jóvenes de la iglesia Harvest renunció. Comencé a servir a tiempo parcial en mi ministerio juvenil. Esa puerta cerrada con candado estaba empezando a abrirse. Y era necesario para aprender a predicar y preparar lecciones y sermones. Esto vendría con tiempo, práctica y tutoría.

El pastor Shawn siempre me decía: "No compartas todo, ya sabes en un sermón. Haz que vuelvan por más." No sabía mucho, así que esto fue muy difícil para mí. El primer sermón que prediqué fue solo 15 minutos de duración y no guardé mucho material para el siguiente. Estoy bastante seguro de que compartí todo lo que sabía. Ese primer domingo por la mañana prediqué. Hasta el día de hoy, solo recuerdas un poco de lo que te enseñé. Si este sermón fue mi primer "panqueque," estaba demasiado cocido.

Sabía dos cosas con seguridad: la Palabra de Dios (la Biblia) y cómo escuchar la voz de Dios. Serví en la iglesia a tiempo parcial y todavía trabajaba en esta instalación en el bosque. Este programa donde trabajé fue diseñado para poner a propósito a jóvenes endurecidos y juzgados a través del conflicto para sacar a relucir sus problemas y obligarlos a hacer frente a los problemas a medida que destruyen sus barreras emocionales.

Si el trabajo físico no los agotó, el tiempo lejos de su familia lo hará. ¡Si la separación de la sociedad no los derrumbó, viviendo con las personalidades complejas de los miembros del personal que llegarán a ti rápido! Muchos de estos muchachos vinieron con antecedentes de desafíos fuertes por sí mismos. De hecho, este trabajo atraía a muchos exmilitares y militares retirados de operaciones especiales. Si las personalidades de tus compañeros no te frustraron, la amenaza constante de ataques físicos te mantendrá en línea. Tuvimos que aprender a defendernos sin lastimar a los niños. Se llama "Crisis no violenta intervención de protección."

Este fue un trabajo desafiante. Cada día que me despertaba, yo quería dejarlo.

Aguanté en este programa durante tres años y medio. Nunca quisiera volver por la inmensa presión psicológica. Sin embargo, este período también fue el momento más gratificante y de mayor crecimiento de mi vida, y no cambiaría eso por nada. Me vi obligado a aprender cómo ayudar a los más desfavorecidos de nuestra sociedad que no quería ayuda y, a su vez, me encontré siendo ayudado tanto como ellos. Entendí la importancia de no ignorar a las personas desafiantes o alejarlos. Sin embargo, a pesar de nuestras numerosas diferencias, aprendí a colaborar y ampliar amor por ellos.

Si aprendes a perseverar en medio del conflicto interpersonal, la recompensa es grande. También aprendes que no sólo ayuda a la otra persona involucrada, pero eres tú quien obtiene la transformación más significativa del crecimiento espiritual y en carácter.

Sólo huí de situaciones o problemas difíciles cuando era más joven. No fue hasta que aprendí a pararme bien donde estoy y no huir de la lucha o el conflicto que empecé a crecer y a construir una mentalidad superadora. Era experimentar la verdad detrás de las palabras de Pablo en Gálatas cuando dice: "No nos cansemos de hacer el bien, porque a su debido tiempo cosecharemos si no nos damos por vencidos." Gálatas 6:9 (NVI)

Dios finalmente captó mi atención y dejé de correr de la lucha por primera vez. Al final de tres años y medio, el liderazgo de la instalación vino a mí y me compartió que eliminarían mi posición. Querían promocionarme y ofrecerme un nuevo trabajo. Esta última oportunidad requeriría mucho más tiempo de dedicación. No podía trabajar a tiempo parcial en la iglesia ya en conjunto con esta nueva oportunidad que me habían ofrecido.

Mi siguiente decisión fue fácil. No estaba seguro de cómo conseguir el seguro médico que necesitábamos. No estaba seguro de cómo ganar lo suficiente, considerando que los líderes de la iglesia habían dejado claro que solo podían permitirse ofrecer trabajo a tiempo parcial.

Sin embargo, sabía que Dios me había llamado a ser pastor. Di un paso de fe y creí que el Señor proveería para nosotros. Aprendí que si es la voluntad del Señor, Él pagará por ello. Dos semanas después, estaba en el ministerio de tiempo completo. Si es la visión del Señor, Él proveerá. No puedo evitarlo: ¡me encantan estos dichos concisos y poderosos!

Nos mudamos al sótano de mis padres para salir del alquiler, generar algunos ahorros, saldar deudas y ahorrar hacia nuestro primer hogar. Cuando decidimos mudarnos, mi pastor dijo: "No estoy seguro de cómo vamos a pagarte." Eso no me importó porque la dirección que el Señor nos dio fue evidente en mi y Kelly en nuestros corazones. Ya era hora de que estuviéramos a tiempo completo en el ministerio.

No sabíamos cómo ganaríamos suficiente dinero para vivir, pero Dios sí. No importaba si lo sabíamos porque Él lo sabía. Dos simples palabras se convirtieron en la realidad definitiva a lo largo de todos los años en el ministerio de tiempo completo que fueron para desplegarnos. Estas dos palabras reemplazaron a todas las demás realidades: "pero Dios."

Últimamente he escuchado a expertos decir que NO se usa la palabra "pero" cuando se habla en medio de un intercambio de comentarios o corrección. Aparentemente, escuchar esa palabra niega o cancela todas las palabras anteriores pronunciadas antes de la palabra "pero." Por ejemplo, "Tienes una gran personalidad, pero a veces también puedes ser autoritario." El cumplido antes de la palabra "pero" ahora está cancelado. Una vez introducido el "pero," sólo recordarán que crees que son dominantes.

Si bien estoy de acuerdo, puede haber mejores formas de usar esto. La palabra simple de manera efectiva, afirmó que sigue siendo una palabra poderosa y palabra eficaz en determinados conceptos. Lo he visto en acción a lo largo de los 12 años en Harvest Church. He visto al pastor Shawn Lyons usarla desde que lo conozco, y he visto a Dios hacer lo milagroso al usar esta palabra correctamente!

Piense en las palabras de Jesús en Mateo 19:26 (NVI):

"—Para los hombres es imposible —aclaró Jesús, mirándolos fijamente—, mas para Dios todo es posible."

¡Pero con Dios, TODO es posible! Esto puede significar muchas cosas diferentes a muchas otras personas. hacer cualquiera de ¿Estas declaraciones te resuenan?

- Habría perdido la esperanza, ¡PERO Dios me la devolvió!
- Habría perdido a mi familia, ¡PERO Dios restauró a mi familia!
- Habría perdido mi vida por esta enfermedad, ¡PERO Dios restauró mi salud!

Este fue mi bautismo en el ministerio de tiempo completo. No había suficiente dinero para trabajar a tiempo completo en la iglesia, **pero Dios** lo hizo posible cuando no era posible. Introduciendo "**pero Dios**" en la ecuación niega todo lo anterior. ¡Él puede hacer cualquier cosa! Cuando Kelly y yo dimos un paso de fe para hacer lo que sabíamos de Dios. Estábamos poniendo en nuestros corazones hacerlo, de repente, más recursos comenzaron a llegar a la iglesia.

El presupuesto y los balances decían que no había suficiente dinero, pero confiamos en Dios y él actuó. Dios la verdad reemplazó a los hechos. El hace cosas como estas continuamente cuando damos un paso de fe para hacer lo que Él nos dice qué hacer. Muchas veces cedemos ante los hechos, delante nuestros porque causan miedo, duda, y decepción. No podemos imaginar que haya alguna salida a nuestra situación o circunstancia porque los hechos dicen lo contrario.

Por ejemplo, dice en 1 Reyes (un libro de la Biblia) que una mujer viuda estaba en su última medida de harina. Hubo una gran hambruna en la tierra, lo que significaba que era cada uno viendo por sí mismo. Los hechos le dijeron que ella tenía suficiente para que ella y su hijo hicieran una última comida antes de morir de hambre. La instrucción de Dios fue totalmente contrario a los hechos. Dios envió al profeta Elías a esta viuda solitaria entre todo el pueblo de Israel que

Él podría haber elegido enviarlo. ¿Que definió la diferencia de esta mujer de todas las demás?

Veamos más de cerca el pasaje de 1 Reyes 17:10-14 (NVI):

> *"Así que Elías se fue a Sarepta. Al llegar a la puerta de la ciudad, encontró a una viuda que recogía leña. La llamó y le dijo: —Por favor, tráeme una vasija con un poco de agua para beber. Mientras ella iba por el agua, él volvió a llamarla y le pidió: —Tráeme también, por favor, un pedazo de pan. —Tan cierto como el Señor tu Dios vive —respondió ella—, no me queda ni un pedazo de pan; solo tengo un puñado de harina en la tinaja y un poco de aceite en el jarro. Precisamente estaba recogiendo unos leños para llevarlos a casa y hacer una comida para mi hijo y para mí. ¡Será nuestra última comida antes de morirnos de hambre! —No temas —le dijo Elías—. Vuelve a casa y haz lo que pensabas hacer. Pero antes prepárame un panecillo con lo que tienes y tráemelo; luego haz algo para ti y para tu hijo. Porque así dice el Señor, Dios de Israel:*

"No se agotará la harina de la tinaja ni se acabará el aceite del jarro, hasta el día en que el Señor haga llover sobre la tierra"."

¡Lo poco que ella tenía no habría sido suficiente de todas maneras! Solo era suficiente para prolongar lo inevitable. Un dia mas. ¿Por qué tenemos tanto miedo de dejar ir tan poco? Que hemos estado sosteniendo en nuestras manos, incluso cuando lo hay ni siquiera es lo suficiente. ¿Nunca será suficiente? Afortunadamente, esta mujer en 1 Reyes dio un paso de fe siguiendo las instrucciones de Dios. Ella estaba

95

dispuesta a escuchar y actuar según lo que Dios tenía que decir.

Sigamos leyendo y veamos cómo intervino Dios. por su obediencia:

> *"Ella fue e hizo lo que había dicho Elías, de modo que cada día hubo comida para ella y su hijo, como también para Elías. Y tal como la palabra del Señor lo había anunciado por medio de Elías, no se agotó la harina de la tinaja ni se acabó el aceite del jarro."*

> 1 Reyes 17:15-16 (NVI)

La decisión de esta mujer de actuar con fe e incluir a Dios en la ecuación lo cambió todo. Actos de fe y confianza en nuestro Padre Celestial conmueven su corazón para actuar en nuestro favor. Lo poco que tenía terminó siendo MÁS que suficiente. ¡Se convirtió en abundancia! Había suficiente para que ella, su hijo y el profeta sobrevivieron, probablemente, ¡unos cuantos años! Sabemos que la hambruna duró tres años y medio. (Lea Santiago 5:17, NVI)

Este es un evento increíble, las matemáticas de Dios no son nuestras matemáticas. El puede multiplicar cualquier cosa con poco o nada si creemos en él , con lo que tenemos. Como leemos en Hebreos 11:6, (RVR1960) todo comienza por la fe: "Pero sin fe es imposible agradar a Dios; porque es necesario que el que se acerca a Dios crea que le hay, y que es galardonador de los que le buscan."

Sin fe, no puedes agradar a Dios, él quiere que confíes en él, quiere que descubras que él es bueno y que nos ama. El quiere intervenir a nuestro favor. Nosotros lo limitamos porque no le damos espacio para que él intervenga. La fe abre las puertas de entrada para que el entre. Juan escribe en Apocalipsis 3:20, (RVR 1960)

"He aquí, yo estoy a la puerta y llamo; si alguno oye mi voz y abre la puerta, entraré a él, y cenaré con él, y él conmigo." Sin fe, no hay puerta abierta.

Dios está tocando. ¿Lo estás escuchando? ¿Le abrirás la puerta? Podemos decir que tenemos fe durante todo el día, pero la única forma de probarlo será cuando actuamos en fe. Fe sin acción, no es fe para nada. Actuar en fe abre las puertas para que el entre.

Santiago lo describe de la siguiente manera:

> *"Así también la fe, si no tiene obras, es muerta en sí misma. Pero alguno dirá: Tú tienes fe, y yo tengo obras. Muéstrame tu fe sin tus obras, y yo te mostraré mi fe por mis obras. Tú crees que Dios es uno; bien haces. También los demonios creen, y tiemblan. ¿Mas quieres saber, hombre vano, que la fe sin obras es muerta? ¿No fue justificado por las obras Abraham nuestro padre, cuando ofreció a su hijo Isaac sobre el altar? ¿No ves que la fe actuó juntamente con sus obras, y que la fe se perfeccionó por las obras?"*

> Santiago 2:17-22 (RVR1960)

La fe se activa cuando se pone en acción. Tenemos se nos han dado ejemplos a lo largo de las Escrituras de aquellos que nos precedieron y que agradaron a Dios, y todos tenían una cosa en común: actuaron con fe. Dios inspiró al escritor de Hebreos enumerar los ejemplos para nosotros en el capítulo "Salón de la Fe."

> *"Es, pues, la fe, la certeza de lo que se espera, la convicción de lo que no se ve. Porque por ella alcanzaron buen testimonio los antiguos. Por la fe entendemos haber sido constituido el*

universo por la palabra de Dios, de modo que lo que se ve fue hecho de lo que no se veía.

Por la fe Abel ofreció a Dios más excelente sacrificio que Caín, por lo cual alcanzó testimonio de que era justo, dando Dios testimonio de sus ofrendas; y muerto, aún habla por ella. Por la fe Enoc fue traspuesto para no ver muerte, y no fue hallado, porque lo traspuso Dios; y antes que fuese traspuesto, tuvo testimonio de haber agradado a Dios. Pero sin fe es imposible agradar a Dios; porque es necesario que el que se acerca a Dios crea que le hay, y que es galardonador de los que le buscan.

Por la fe Noé, cuando fue advertido por Dios acerca de cosas que aún no se veían, con temor preparó el arca en que su casa se salvase; y por esa fe condenó al mundo, y fue hecho heredero de la justicia que viene por la fe. Por la fe Abraham, siendo llamado, obedeció para salir al lugar que había de recibir como herencia; y salió sin saber a dónde iba. Por la fe habitó como extranjero en la tierra prometida como en tierra ajena, morando en tiendas con Isaac y Jacob, coherederos de la misma promesa; porque esperaba la ciudad que tiene fundamentos, cuyo arquitecto y constructor es Dios.

Por la fe también la misma Sara, siendo estéril, recibió fuerza para concebir; y dio a luz aun fuera del tiempo de la edad, porque creyó que era fiel quien lo había prometido. Por lo cual también, de uno, y ese ya casi muerto, salieron como las estrellas del cielo en multitud, y como la arena innumerable que está a la orilla del mar."

Hebreos 11:1-12 (RVR1960)

Esta lista es impresionante, ¿verdad? Pero no acaba ahí.

"Por la fe Abraham, cuando fue probado, ofreció a Isaac; y el que había recibido las promesas ofrecía su unigénito, habiéndose dicho: En Isaac te será llamada descendencia; pensando que Dios es poderoso para levantar aun de entre los muertos, de donde, en sentido figurado, también le volvió a recibir. Por la fe bendijo Isaac a Jacob y a Esaú respecto a cosas venideras. Por la fe Jacob, al morir, bendijo a cada uno de los hijos de José, y adoró apoyado sobre el extremo de su bordón.

Por la fe José, al morir, mencionó la salida de los hijos de Israel, y dio mandamiento acerca de sus huesos. Por la fe Moisés, cuando nació, fue escondido por sus padres por tres meses, porque le vieron un niño hermoso, y no temieron el decreto del rey.

Por la fe Moisés, hecho ya grande, rehusó llamarse hijo de la hija de Faraón, escogiendo antes ser maltratado con el pueblo de Dios, que gozar de los deleites temporales del pecado, teniendo por mayores riquezas el vituperio de Cristo que los tesoros de los egipcios; porque tenía puesta la mirada en el galardón. Por la fe dejó a Egipto, no temiendo la ira del rey; porque se sostuvo como viendo al Invisible. Por la fe celebró la pascua y la aspersión de la sangre, para que el que destruía a los primogénitos no los tocase a ellos. Por la fe pasaron el Mar Rojo como por tierra seca; e intentando los egipcios hacer lo mismo, fueron ahogados.

Por la fe cayeron los muros de Jericó después de rodearlos siete días. Por la fe Rahab la ramera no pereció juntamente con los desobedientes, habiendo recibido a los espías en paz.

¿Y qué más digo? Porque el tiempo me faltaría contando de Gedeón, de Barac, de Sansón, de Jefté, de David, así como de Samuel y de los profetas;" Hebreos 11:17-32, (RVR1960) ..."apagaron fuegos impetuosos, evitaron filo de espada, sacaron fuerzas de debilidad, se hicieron fuertes en batallas, pusieron en fuga ejércitos extranjeros. Las mujeres recibieron sus muertos mediante resurrección; mas otros fueron atormentados, no aceptando el rescate, a fin de obtener mejor resurrección. Otros experimentaron vituperios y azotes, y a más de esto prisiones y cárceles. Fueron apedreados, aserrados, puestos a prueba, muertos a filo de espada; anduvieron de acá para allá cubiertos de pieles de ovejas y de cabras, pobres, angustiados, maltratados; de los cuales el mundo no era digno; errando por los desiertos, por los montes, por las cuevas y por las cavernas de la tierra. Y todos éstos, aunque alcanzaron buen testimonio mediante la fe, no recibieron lo prometido; proveyendo Dios alguna cosa mejor para nosotros, para que no fuesen ellos perfeccionados aparte de nosotros."

Hebreos 11:34-40 (RVR1960)

¡Guau! El mundo no era digno de ellos debido a su fe en Dios. Todos fueron inspirados a actuar conforme a las palabras e instrucciones que Él les dio. Esto es lo que conmueve el corazón del Señor. Esto no es diferente para quienes eligen seguirlo hoy. Estas historias de hombres y mujeres de la antigüedad fueron escritas para nosotros como ejemplos de cómo podemos vivir una vida de fe.

Este fue el ejemplo que mi mentor, el pastor Shawn Lyons, me dio durante los 12 años que pasé trabajando codo a codo con él en el ministerio. Es un reto para mí resumir todo lo que sucedió, todo lo que presencié, experimenté y aprendí en un solo capítulo. Estas historias tendrían que ser un libro en sí mismas para hacer justicia a todo lo que Dios logró en esos años.

Haré todo lo posible por destacar los momentos de **"pero Dios"** que me impactaron profundamente y resonarán por la eternidad, aunque esta lista no será exhaustiva.

La Bruja

Un convenio de brujería podría haberse realizado en contra de la iglesia, El pastor Shawn y su familia, *pero Dios* lo contuvo y después de años de estar batallando en oración y manteniendo sus territorios. Y esto comenzó desde el primer día que el pastor Shawn y su familia llegaron a la ciudad. La bruja principal se acercó al pastor Shawn en el campo de fútbol durante un partido de preparatoria. Le dijo: "Sé quién eres y el propósito de tu visita, y te echaré de este pueblo."

Gracias a Dios pasó lo contrario, después de años de luchas espirituales, la intervención de Dios para proteger a su iglesia y al Pastor Shawn. Años después

,asistimos a una misión local en una institución mental.Donde traíamos regalos y entonaremos cantos navideños a los pacientes cada año para navidad. Algunas veces teníamos la oportunidad de orar con ellos. Para ellos tener simplemente a alguien a quien le importara simplemente pasar un tiempo con ellos era muy valorado.

Allí pudimos ver a la bruja principal, quien había hecho un pacto de brujería, enviándonos una maldición contra la iglesia y el pastor Shawn. Ahora era paciente de la institución mental donde predicábamos. Aunque no nos recibió con entusiasmo, fue un recordatorio de cómo Dios nos había protegido y guardado a nosotros, al pastor Shawn, a su familia y a la iglesia. Ruego que un día sus ojos se abran y vea a Dios, quien puede restaurar su mente. ¡Qué maravilloso testimonio sería!

El Horrible Accidente Automovilístico

Kelly y yo recibimos una llamada desalentadora muy tarde en la noche.Al otro lado del teléfono estaba nuestro pastor. El dijo que necesitamos irnos al hospital rápidamente. Una de nuestra jóvenes del grupo de jóvenes Raquel, había tenido un accidente automovilístico horrible de choque de frente en el que ella había sido arrojada a 30 pies de distancia de su carro.Los doctores pensaban que ya no sobreviviría.

Jason (no es su nombre real) que era un pasante de maestro quien trabajaba en una escuela privada, iba manejando donde Raquel acababa de tener el accidente minutos antes. El se estaciono al lado del camino y miro hacia arriba de la colina a una pareja de la otra van que tenía varios moretones. Había otro carro completamente destruido y volteado abajo. Nadie estaba en el carro. Mientras Jason llamaba al 911, empezó a buscar y encontró a Raquel inconsciente, acuñada en la cuneta del lado de la carretera.

Los pulmones de Raquel y su hígado estaban heridos. Sus huesos estaban quebrados en todo su cuerpo. Los doctores le sedaron, y ella estaba muriendo. Ellos decidieron que la enviaron en transporte aéreo, y esperaban con esperanza para que pudieran salvarla a través de un experimento llamado máquina ECMO. Esta máquina solamente era para mantener su cuerpo oxigenado el tiempo suficiente para poder tener la oportunidad de tener sus órganos a través de la donación de órganos. Se nos dijo que nos prepararemos para despedirnos de ella. Venimos a orar y acompañarla , estar con ella, su familia, pero su mamá, Lynn, dijo con toda la confianza y ninguna onza de temor, "nosotros la dedicamos al Señor de bebe y se la confiamos a Él ahora." Y oramos por un milagro.

Jon, uno de sus hermanos y yo fuimos a casa de mis padres donde vivíamos Kelly y yo, para que él pudiera descansar. Kelly, los padres de Raquel y El pastor Shawn y su esposa Susan fueron al hospital en Pittsburgh, donde aterrizó su vuelo.

Poco después de quedarme dormido, me desperté de una pesadilla donde Raquel se estaba deslizando a una oscuridad eterna. Francamente ella no vivía para Dios y probablemente no lo conocía a Él. Su alma estaba balanceándose en una cuerda entre el cielo y el infierno.

Recibí un mensaje de uno de los líderes de jóvenes alrededor de la 1:00 am. Quien se dirige al hospital con otro grupo de líderes jóvenes. Algo me decía que no llegarian a tiempo y que ellos necesitaban venir a nuestro hogar inmediatamente de esa manera todos podemos orar. Cuando ellos llegaron a casa, desperté a mi padre y juntos comenzamos una batalla de oración por la siguiente hora.

Mientras tanto, en el hospital, los que estaban allí experimentaron un bajón de temperatura en los pasillos afuera de los quirófanos. La muerte se estaba paseando por ahí. Podría parecer una película de terror, pero cualquiera que experimente una tragedia como esta, te dirán que hay una frialdad que puedes sentir físicamente. Solo por verificar, revisaron el termostato en la pared, y estaba bien.

Bajo la dirección del pastor Shawn, todos comenzaron a orar de ida y vuelta en el pasillo. Ellos declararon alabanzas al Señor y pidieron por su misericordia. Había una canción cristiana popular en el hospital esa noche. A nadie le importaba pensaba. Esto era de muerte o vida, e iría con Jesus quien había conquistado la muerte y el pecado. Él es la resurrección y la vida, y le estamos implorando por la vida de Raquel.

Al mismo tiempo que estaba pasando todo esto, recibimos un reporte de Jason diciéndonos que él también había tenido una pesadilla. En su sueño, él estaba en un cuarto oscuro donde el olor a cabello quemado llenaba el aire. En la pared había escrito con sangre: "yo tengo deseo de destruir a jovencitas." Esa noche la muerte venía a recoger a Raquel de diecisiete años de edad, pero Dios usó a su pueblo para interceder peleando esta batalla espiritual para reclamar su vida.

El Senor dijo: "Hoy no es el día, Raquel va a vivir." Hasta hoy en día los doctores no comprenden como Raquel sobrevivió. No solo se recuperó, sino que también se casó con un maravilloso hombre llamado Josh y con tres hermosas hijas. Ellos se congregan regularmente en la iglesia y tienen sus carreras exitosas. Ella no debería estar viva, ¡**Pero Dios** le resucitó y la libró de la tumba!

Muchos individuos con cuerpos físicos severamente destruidos reciben sanidad al frente del altar de la iglesia y en muchos cuartos de hospitales. Raquel no fue la única persona que regresó de las puertas de la muerte.

Muchas mujeres fueron sanadas de la infertilidad. Una de ellas era una esposa de un misionero de México. Ellos oraban que querían quedarse embarazados por mucho tiempo y parecía en vano. Y ese domingo en particular,ellos estaban visitando la iglesia y Dios dirigió al pastor a llamarle para que pasara. Puso sus manos en su estómago y declaró que su vientre estaba sano. Sin niños para el futuro, **pero Dios** dijo que ¡habría bebés! ¡Ahora tienen dos hermosas hijas!

Otra oración de sanidad por infertilidad era para mi esposa y yo.

Infertilidad

Estuvimos casados por siete años antes que Dios nos bendijera con hijos. Cuatro de esos años, estábamos tratando de empezar nuestra familia. Tratamos de todo y todo lo que los doctores nos ofrecían y exámenes en nosotros. Nada trabajo. Necesitábamos ver algo más definitivo. Habíamos estado orando y buscando la voluntad de Dios y haciendo lo que deberíamos de estar haciendo.

En el servicio de un domingo en la tarde, tuvimos un misionero en La India en nuestra iglesia. Este hombre tenía un don profético, y escuchaba claramente la voz de Dios en muchas ocasiones, y también hacía muchos grandes milagros. ¡El misionero nos contaba historias de locura!

Un invierno, en la casa donde vivían él y su familia, se les terminó el aceite que usaban para mantener caliente la casa y ya no tenían dinero para comprar más . El oro para que Dios pudiera suplir sus necesidades. Nunca llenamos el tanque de aceite, pero el calentón siempre funcionó durante todo el invierno. Lo revisaron varias veces, y está seco como hueso y vacío.

El Señor le dijo al misionero que ya era tiempo de regresar a la India. Entre periodos, el permiso aquí en los Estados Unidos. El hizo caso al llamado de Dios y se fue al aeropuerto con sus maletas preparadas.El único problema era que no tenía boleto para viajar allá. Así que se sentó y esperó y esperó y esperó más. En sus propias palabras dijo: Dios va a proveer el boleto si el quiere que regrese a India. Un hombre de negocios muy amigable con su traje , noto que él ya había estado sentado ahí por mucho tiempo y se le acercó. El hombre comenzó una cordial conversación. Después de conversar brevemente, empezó a hacer preguntas acerca de sus planes. El misionero le explicó a dónde se dirigia.

El hombre le preguntó, "¿A qué horas era su vuelo?"

El misionero le respondió, "no estoy seguro."

El hombre le preguntó, "Bueno, ¿Pero qué dice tu boleto?"

"No tengo boleto. Estoy esperando por uno." Respondió el misionero.

"¿Necesitas un boleto para llegar allá?" Preguntó el hombre de negocios.

"Si" respondió el misionero.

Inmediatamente, el hombre de negocios se levantó fue al mostrador, y le compró un boleto a su amigo el misionero. Dios proveyó así como el misionero creyó a Dios que él lo haría.

Cuando él llegó a la India no estaba seguro a donde Dios quería que se dirigiera. El oro y le pregunto a Dios. El misionero se sintió comprometido a rentar una bicicleta y comenzó a ir lo más lejos que pudo llegar. Cuando llegó a un lugar específico, se detuvo y solo se sentó debajo de un árbol esperando las siguientes instrucciones de parte del Señor. Un hombre se le acercó y le preguntó quién era él. El misionero le compartió y el hombre le pidió que le acompañara inmediatamente. Había una niña que estaba moribunda en la aldea cercana. El misionero sintió que esta era la razón por la cual él estaba ahí, y se fue con el hombre.

Cuando llegaron a la aldea, fueron recibidos por el padre de la niña. Él les explicó que ya había hecho todo lo posible para ayudarla. La medicina, el curandero tampoco pudieron hacer nada para salvarla. El misionero compartió acerca del Dios que servía quién podía sanar al enfermo y regresar de la muerte a la vida. Él le dio permiso para orar por ella en el nombre de su

Dios, Jesus. La fiebre le bajó a la niña, estaba sana y se había levantado de su cama. El descubrió que el padre de la niña era el líder de la aldea. El decreto, que en esa aldea ahora servirán a Jesús! El misionero obedeció a toda la palabra de Dios, a sus instrucciones, y los resultados sobresalieron.

El misionero nos contó muchas otras historias que eran muy similares a esta. Cada una de estas reflejaba algo increíble, y como un acto de fe que movía el corazón de Dios ha realizar grandes cosas. Nuestra fe también necesita moverse, y todos deberíamos de estar deseando ver a Dios moverse, también.

En ese momento del servicio, le pregunto a aquellos que tuvieran una necesidad de oración que pasaran al frente. Kelly y yo nos tomamos de las manos, y nos dirigimos al frente y pedimos oración para ver si podiamos embarazarnos. En ese punto ya teníamos 3 años intentándolo.Para ser sincero, este hombre no tenía idea de porque pasamos y que era lo que le pediríamos que orara por nosotros. Nadie le había compartido esta información. Caminamos tres pasos adelante. Él nos miró directamente y comenzó a menear la cabeza, "ustedes tendrán gemelos, y el tiempo es ahora." Nosotros nos detuvimos en seco, con la boca abierta y nos volvimos inmediatamente, nos sentamos en nuestros asientos.

"¿Qué acababa de pasar?" No lo podíamos creer. ¡Este hombre, un profeta y misionero, sabía exactamente lo que queríamos!

Unos meses después nos mudamos a nuestra nueva casa que habíamos construido junto a la casa de mis padres. Un año después de la palabra profética que se nos había dado, nos enteramos que estábamos embarazados de nuestro primer hijo Tenley. Esto no vino sin un costo. Nos tomó mucho tiempo quedar embarazados. Tantas cosas que no sabíamos que estábamos por pasar. Desde el momento de casarnos hasta quedar embarazados, habían transcurrido siete años. Mi esposa batallaba con la idea de que si pediamos opinión al doctor de nuestras opciones para aprender las razones por la cuales no quedamos embarazados. Ella pensaba que si acudiamos al doctor y tomabamos la ayuda médica, no estábamos confiando plenamente en Dios para traernos Su palabra profética que se nos había dado para nuestras vidas.

Kelly acudió al Pastor Shawn para que le aconsejara. Él le dijo "El único que puede dar vida es Dios, ya sea que recibas ayuda médica o no, de todas formas está en Dios." Eso fue suficiente para entender que necesitábamos ayuda. Todos los exámenes vinieron normales tanto para ella como para mí. Kelly le insistió al doctor que nos diera un tratamiento y antes que pasara mucho tiempo, Tenley estaba en el horno!

¿Qué pasó con los gemelos? A nosotros ni siquiera nos importó si el profeta se había equivocado." ¡Estábamos esperando a nuestro primer hijo en marzo de 2009! Dios había respondido nuestras oraciones.

Al año y meses después, estábamos embarazados otra vez. Las cosas no estaban muy bien en el primer trimestre del embarazo. Mi esposa estaba teniendo muchas molestias y dolor. De pronto ella comenzó a tener un sangrado muy fuerte. Lo primero que pensamos es que ella estaba teniendo un aborto espontaneo. Mientras íbamos hacia el hospital, les pedimos a nuestra familia y a nuestro pastor que estuvieran orando.

Las enfermeras hicieron una examinación diciendo que había una masa de tejido. Ellas nos dijeron que a menudo suceden estas cosas y que salen adelante bien. Como sea, esas palabras hicieron muy poco para consolarnos. Mientras dejaron el cuarto y nosotros estábamos muy ansiosos esperando los resultados, mi teléfono sonó. Era el Pastor Shawn del otro lado de la línea. El dijo "Yo se que suena extraño, pero pon el teléfono en el vientre de tu esposa, y comenzaré a orar. "¡El teléfono empezó a calentarse!", preguntó. "¿Sientes ese calor?"

Respondí, "Si ! es intenso."

"Esa es la sanidad" él respondió.

Momentos después nos llevaron a un cuarto de ultrasonido donde los resultados serian definitivos. Mire a la técnica tomar diferentes lecturas repetidamente como si no supiera que estaba pasando. Estuvimos en ese cuarto por mucho tiempo! Yo mire mientras ella miraba en un lado del vientre de Kelly, tomando fotos y medida un suave sonido de latido de corazón. Después mire cómo fue que se cambió de lado opuesto de su abdomen, tomando más lecturas y medidas a los latidos del corazón. Solo que esta vez los latidos eran diferentes lecturas. "¿Que estaba pasando aquí?" Me pregunté a mi mismo.

La técnica tenía una mirada de rompecabezas en su cara. Y una y otra vez seguía tomando medidas. Después se disculpó calladamente para ir a consultar con el doctor. Tuve el presentimiento de lo que estaba pasando, pero dudé en decirlo. A pesar de que estábamos ansiosos por recibir noticias, extrañamente estábamos bajo una paz sobrenatural en ese momento. Ya fuera un aborto espontaneo o no, estariamos bien. Después de eso, como una hora, ella finalmente entró en el cuarto de nuevo.

Nos sonrió y dijo: "Bueno, no estás sufriendo un aborto espontáneo. ¡Estás teniendo gemelos!"

Mi esposa parecía enferma. Empecé a reír, a escribir mensajes y a llamar a todos mis conocidos. Cada vez que contestaba, exclamaba rápidamente: "¡Vamos a tener gemelos!"

Mientras todavía estábamos en ese cuarto absorbiendo la información y poniéndola junta, Dios nos trajo a memoria lo que el misionero de la India nos había dicho. "Gemelos y el tiempo es ahora." Se aclaró en ese momento que cuando él dijo 'tiempo', él quería decir "es la temporada." Este es el tiempo (temporada) de tener hijos, y en esta temporada tendremos gemelos.

Asher y Hallie nacieron en Marzo del 2011. Todo nos salió bien, y nos sonreímos más al ver la revelación de Dios.

En ese momento yo estaba entrenando para el maratón de Pittsburgh. Esta noche, cuando llegamos a casa, corrí cinco millas más rápido de lo que corrí durante toda mi vida se debía a la alegría que El Señor había puesto en mi corazon ese dia. Ni siquiera podía sentir mis pies tocar el suelo.

¡No habían pasado ni dos años cuando tuvimos a nuestra cuarta hija, Sadie, en enero de 2013! Antes, no teníamos hijos y estábamos agotados, *pero Dios* decidió que tendríamos cuatro hijos en menos de cuatro años. Dios realmente puede revivir lo muerto.

Otras Sanidades

Miramos muchas más sanidades a través de los años. Me recuerdo de una anciana de ochenta años quien quería suicidarse por la ansiedad, el miedo y las angustias mentales que la estaban sobrecargando. Por continuamente mirar los noticieros. Ella recibió sanidad y paz. ¡Su mente fue restaurada!

En otra ocasión, vimos un niño con un hoyo en su corazón sanado antes de su cirugía. Vimos incontables tipos de cáncer desaparecer: cáncer de próstata, cáncer de senos, cáncer en la piel, cáncer de páncreas, cáncer en el cerebro y la lista sigue y sigue. Otros problemas del corazón, las coyunturas, aneurismas, derrames, cegueras, y alergias eran sanadas. Dios es y será SIEMPRE un Dios grandioso quien puede hacer cualquier cosa cuando tu le dejas hacer su parte de la ecuación cuando tomas un paso de fe y le dejas trabajar.

Nunca debes olvidar la enorme diferencia que estas dos simples palabras pueden lograr:

"Pero Dios." Sé que nunca lo olvidaré.

Capítulo Ocho:
Dios Grande, Sueños Grandes

¿Por qué detenernos en la sanidad física? Si servimos al Dios del universo quien creó todo lo que vemos, lo que sabemos y no sabemos sería irrazonable no creer que él puede hacer cualquier cosa? Él no tiene la imaginación tan finita y los recursos como nosotros. ¡El es infinito! Pablo le da al punto acerca de toda la comparacion de poder de Dios en el libro de Efesios donde escribe, "Y a Aquel que es poderoso para hacer todas las cosas mucho más abundantemente de lo que pedimos o entendemos, según el poder que actúa en nosotros," Efesios 3:20 (RVR1960)

Otra increíble verdad que aprendí mientras servía en la iglesia Harvest Church durante todos esos años junto con el Pastor Shawn es que Dios no tiene límites. Entonces porque nosotros lo limitamos? Y como es que lo limitamos?

Para empezar, nosotros limitamos a Dios con pensamientos como "Esta cosa nunca puede ser posible." Como el versículo de arriba dice, Dios es capaz de exceder y abundantemente más de lo que nosotros podríamos soñar o imaginar.

También limitamos a Dios con nuestros recursos. Pensamos cosas como, "Tengo que guardar todo lo que tengo, porque no tengo lo suficiente para compartir o dar a la iglesia o a alguien en necesidad." Esta creencia de limitación contrasta con las palabras de Jesus en Lucas 6:38, (RVR1960) "Dad, y se os dará; medida buena, apretada, remecida y rebosando darán en vuestro regazo; porque con la misma medida con que medís, os volverán a medir."

Incluso limitamos a Dios con nuestro más precioso recurso: nuestro tiempo. Subconscientemente decimos, "Este día no hay suficiente tiempo para orar, leer la biblia, o ir a la iglesia. No tenemos tiempo para esas cosas en nuestras vidas. Tengo que llevar a mis hijos a la práctica de softbol, fútbol, gimnasia y todas las otras actividades extracurriculares. También hay que trabajar,ir a la escuela, esa fiesta y muchas cosas más." Si todo lo demás falla, podemos evitar la iglesia porque no queremos sacrificar nuestro único día para dormir. Las excusas siguen y siguen.

Dado que el tiempo es nuestro recurso más preciado y fugaz,no podemos darnos el lujo de NO dárselo a Dios al comenzar y terminar cada día en oración y lectura de la Palabra. Nosotros no podemos darnos el lujo de NO darle a Dios al menos un día de semana asistiendo a la iglesia con otros creyentes como La Palabra dice: "Preocupémonos los unos por los otros, a fin de estimularnos al amor y a las buenas obras. No dejemos de congregarnos, como acostumbran hacer algunos, sino animémonos unos a otros, y con mayor razón ahora que vemos que aquel día se acerca." Hebreos 10:24-25 (NVI)

La iglesia en línea no es lo mismo. Agradezco la tecnología que la hace posible para quienes no pueden asistir en persona. Aun así, no creo que nada pueda reemplazar la experiencia de estar juntos. No se puede hablar y animar a los demás mientras se ve el servicio en pantalla.

No se pueden imponer las manos para orar a través de una pantalla electrónica, y la Biblia es específica sobre esta práctica de imponer las manos para sanar. (Véase Marcos 16:18; Santiago 5:14-15)

Hay muchas otras razones porque se nos ha dicho que nos reunamos juntos físicamente. Es como si Dios supiera que un día no tendríamos la oportunidad de estar juntos así que Él nos dice que no tenemos que dejar que eso suceda, porque eso nos empujará a separarnos. Imaginate eso Dios sabía eso antes de nosotros saberlo?

No podemos costear el NO confiarle a Él nuestro tiempo. ¿Por qué? Porque cuando lo hacemos todas las cosas se acomodan en su lugar. Podemos leerlo en Proverbios, "Reconócelo en todos tus caminos, Y él enderezará tus veredas." Proverbios 3:6 (RVR1960) Otra enseñanza esencial viene antes de esta en Proverbios 3:5 (RVR1960), "Fíate de Jehová de todo tu corazón, Y no te apoyes en tu propia prudencia."

Nosotros no podemos figurar todo esto. Estamos limitados,comenzamos finitamente.no me importa que tan talentosos, inteligentes, divertidos, carismáticos y fáciles de llevar creemos que somos. Nuestra percepción nunca se medirá con quien es Dios y que es lo que él puede hacer si nosotros nos rendimos a sus pensamientos y a su imaginación. Dios es sin límites,y él piensa infinitamente. Nosotros estamos limitados por las esquinas de nuestra finita mente.

No me lo tomes a mal. Nosotros tenemos increíbles cerebros. Nuestras mentes y lo que somos está hecho a la imagen de Dios. Fueron moldeados de la manera que Dios trabaja. Incluyendo también, nuestras limitaciones físicas de lo que sabemos.

La mente de Dios es la más grandiosa super-inteligencia que ha existido por siempre. Inventó la potencia informática y previó El Chat GPT existía antes de que la inteligencia artificial fuera una idea humana. Los recursos de Dios son infinitos y su poder es ilimitado. Entonces, ¿por qué no querríamos acudir a Él a diario y buscar su sabiduría, comprensión y dirección para nuestras vidas? Recuerda, Dios inventó lo que llegarían a ser nuestras vidas.

Salmos 139:1-16 (RVR1960) dibuja un hermoso retrato de la manera íntima en la que Dios nos conoció antes de que supiéramos nosotros mismos:

"Oh Senor, tú me has examinado y conocido. Tú has conocido mi sentar y mi levantar; Has entendido desde lejos mis pensamientos. Has escudriñado mi andar y mi reposo, Y todos mis caminos son conocidos. Pues aún no está la palabra en mi lengua, Y he aquí, oh Señor, tú lo sabes todo. Detrás y delante me rodeaste, Y sobre mí pusiste tu mano. Tal conocimiento es demasiado maravilloso para mí; Alto es, no lo puedo comprender. ¿A dónde me iré de tu Espíritu? ¿Y a dónde huiré de tu presencia? Si subo a los cielos, allí estás tú; Y si hago mi cama en el infierno, tú allí estás. Si tomare las alas del alba y habitare en el extremo del mar, Aun allí me guiará tu mano, Y me asirá tu diestra. Si dijere: Ciertamente las tinieblas me encubrirán; Aun la noche resplandecerá alrededor de mí. Aun las tinieblas no encubren de ti, Y la noche resplandece como el día; Lo mismo te son las tinieblas que la luz. Porque tú formaste mis entrañas; Tú me hiciste en el

vientre de mi madre. Te alabaré; porque formidables, maravillosas son tus obras; Estoy maravillado, y mi alma lo sabe muy bien. No fue encubierto de ti mi cuerpo, Bien que en oculto fui formado, Y entretejido en lo más profundo de la tierra. Mi embrión vieron tus ojos, Y en tu libro estaban escritas todas aquellas cosas que fueron luego formadas, sin faltar una de ellas."

Dios sabe que es lo que viene a nuestras vidas. El lo sabe antes que pase y sabe lo que todavía no ha pasado. ¿Por qué entonces evitamos ir con Él diariamente? Es como consultar el manual del microondas cuando tratas de arreglar algo que anda mal con tu carro.Estamos buscando en el lugar equivocado. ¡Nunca encontraremos las respuestas que estamos buscando en otro lugar!

Grandes Suenos

El libro de Santiago comienza con una reflexión sobre la importancia de la sabiduría. A partir de ahí, Santiago le dice a sus lectores: "Si necesitan sabiduría, pídesela a nuestro generoso Dios, y él se la dará; no los reprenderá por pedirla." Santiago 1:5 (NTV)

La palabra "liberalmente" me llama la atención aquí. ¿Qué significa exactamente esa palabra? En griego, ¿cuál es el idioma original en el que Santiago escribió?, la palabra "liberalmente" es la palabra haplos (sonido largo sobre la letra "o"). El griego se parece a esto: απλος. Haplos significa "generosamente, sin reservas, liberalmente." En otras palabras,"liberalmente" y "libremente" son sinónimos.

Entonces, ¿qué significa esto para nosotros? Cuando necesitamos comprensión, cuando necesitamos dirección o consejo sobre qué hacer en un asunto o situación particular, cuando soñamos cosas grandes, necesitamos un Dios grande que nos ayude. Y fantásticamente esta es la cosa que Dios está ahí diariamente, esperando por nosotros que vengamos a Él a toda hora y en cualquier momento a preguntarle.

El autor de Hebreos lo resume increíblemente cuando escribe, "Por tanto, teniendo un gran sumo sacerdote que traspasó los cielos, Jesús el Hijo de Dios, retengamos nuestra profesión. Porque no tenemos un sumo sacerdote que no pueda compadecerse de nuestras debilidades, sino uno que fue tentado en todo según nuestra semejanza, pero sin pecado. Acerquémonos, pues, confiadamente al trono de la gracia, para alcanzar misericordia y hallar gracia para el oportuno socorro." Hebreos 4:14-16 (RVR1960)

Cuando nos acercamos humildemente a Dios, conociendo nuestra necesidad de Él y de su regalo gratuito de la salvación a través del sacrificio de Jesus en la cruz por nuestros pecados, no tenemos razón de tener temor de acercarnos a su trono a implorar a Él por misericordia y gracia para nuestro tiempo de necesidad. Dios no dice que tenemos que primero tienes que apaciguarlo,que estas indigno de acercarte a Él, o que primero debes de traer un regalo. Jesus hizo eso por nosotros en nuestro nombre cuando aceptamos su regalo gratuito.

Ahora podemos avanzar con valentía, sabiendo que Dios ha hecho un camino para nosotros. No solo esto, sino que podemos pedirle sabiduría cada vez que la necesitemos, ÉL LIBREMENTE lo da. Él no busca una razón para decirnos no. El no dice: "Si encuentro faltas, no recibirás nada."

En la Nueva Versión Internacional (NVI), Santiago 1:5 se lee literalmente diferente: "Si a alguno de ustedes le falta sabiduría, pídala a Dios y él se la dará, pues Dios da a todos generosamente sin menospreciar a nadie."

Jesus remueve nuestros pecados, culpabilidad y vergüenza cuando se las damos a Él. Ahora bien, el Padre no puede encontrar falta en nosotros para retener todo lo que Él anhela proporcionarnos. En este caso, la sabiduría es nuestra gratuitamente cuando la pedimos, y Él no encontrará una razón para no darnosla.

Mi pastor principal me enseñó que servimos al Ser más creativo que ha existido. Por lo tanto, deberíamos ser las personas mas creativas de este planeta. Por ejemplo, no sé cómo escribir un libro. Dios me da sabiduría y ahora me ha ayudado a escribir cuatro hasta el momento. Pídele a Dios sabiduría y él te la dará.

Alrededor del 2009, Dios puso un desafío en el corazón del Pastor Shawn. Él predicó como es que servimos a un Dios grande, quien nos puede dar grandes sueños, ideas y habilidades para hacer grandes cosas para su reino. El pastor Shawn luego pregunto: ¿Porque no le pedimos creatividad, ideas y sabiduría que necesitamos para lograr estas cosas? ¡Él sabe lo que hay que saber sobre todo!

En el Antiguo Testamento vemos un ejemplo de Dios teniendo un enorme plan para construir un templo para su pueblo, sería un lugar que actuaría como lugar central de adoración y acercarnos a Él. Esta tarea sería monumental y requería tremenda habilidad, sabiduría y materiales para construir todo lo que entraría en el templo. Dios proveyó los recursos que necesitaban para este gran sueño, así como los conocimientos y habilidades de las personas que proporciona la mano de obra y comprensión de cómo construir todo.

Sin embargo, no confíes en mi palabra. Lee las palabras de Éxodo 36:1-2 (NTV): "»El Señor ha dado sabiduría a Bezalel, a Aholiab y a los demás talentosos artesanos, y los ha dotado de habilidad para realizar todas las tareas relacionadas con la construcción del santuario. Que construyan y amueblen el tabernáculo tal como el Señor ordenó». Así que Moisés mandó llamar a Bezalel y Aholiab y a todos los otros a quienes el Señor había dotado de modo especial y que estaban ansiosos por ponerse a trabajar."

¡Dios puso la capacidad en su corazones y mentes para hacer el trabajo! Guau. ¿Puede suceder esto todavía hoy? Si, porque la palabra de Dios nunca cambia ni falla. Es eterna. Como Jesús enseñó a sus discípulos: "El cielo y la tierra desaparecerán, pero mis palabras no desaparecerán jamás." Mateo 24:35 (NTV)

Muchos en nuestra iglesia se sintieron inspirados por este mensaje. Comenzaron a atender el llamado a esta palabra, pidiéndole a Dios para la sabiduría, las ideas y la creatividad. Una de esas parejas creyó que Dios podía obrar poderosamente y comenzó a confiar en Él. Para darle un giro a su negocio. Esta pareja siguió adelante para orar, y Dios les habló una palabra por medio del Pastor Shawn. Él dijo: "Si eres fiel en confiar en Dios con lo que Él te diga que des, Él bendecirá tu negocio." Poco después, Dios hizo un llamado en sus corazones. Obedecieron y poco después sus negocios habían duplicado! No se detuvo ahí. Sucedió muchas más veces después de eso, y Dios continuó aumentando sus ¡Negocios mientras le obedecieron!

Otra pareja de la iglesia tuvo la idea de crear su propio restaurante de comida mexicana. Dios les dio la sabiduría para desarrollarlo, junto con las recetas y todo lo necesario para abrirlo. El concepto se consolidó relativamente rápido, y abrieron su primer restaurante, "Madres Mexicanas," en un centro comercial de Westmoreland en Greensburg, Pensilvania.

Kelly y yo recibimos "La invitación para familia y amigos" para la cálida apertura. Estábamos embarazados de nuestro primer hijo Kelly se estaba preparando para "reventar" mientras nos acercabamos rápidamente para la fecha prevista de parto. Nos pusimos en la larga fila y pedimos como queríamos una deliciosa comida mexicana. A ambos nos encanta la comida picante, así que por supuesto, la complementamos con la salsa más picante que inventaron en ese momento: "La Salsa Psicópata."

Nos enamoramos absolutamente de este concepto y de los alimentos. También nos encantó la familia que emprendió esto,una marca desconocida. Cuando salimos del centro comercial entusiasmados con esta experiencia, a mi esposa se le reventó la fuente mientras caminábamos al coche. La bebe Tenley estaba en camino! Nosotros bromeamos que "Madres Mexicanas" nació literalmente en nosotros.

Ya tenía nueve años en el ministerio vocacional. Había estado sirviendo fielmente como pastor de jóvenes, mientras aprendía codo a codo con mi mentor sobre cómo liderar y amar a las personas. Mi desafío diario a no limitar a Dios y creer en lo imposible. Esta serie de sermones donde nos desafió a pedirle a Dios sueños e ideas creativas, fue solo la crema decorativa del pastel.

Tomé esta palabra en serio y creí. Resonó muy dentro de mí. De hecho, había estado sintiendo ese movimiento dentro de mí una vez más sentí que algo grande se avecinaba. Simplemente no tenía idea de qué era. Me sentía inquieto, y luego vino este desafío de mi pastor. Él me arruinó porque no podía dejar de pensar en cosas grandes y grandes ideas a partir de entonces. Aún así, hasta el día de hoy, yo no puedo dejar de soñar. ¿Por qué debería hacerlo? ¡Servimos un Dios ilimitado que todo lo puede! ¡Nada es demasiado difícil para Él!

Sinceramente, aprendí que si es una idea demasiado grande para mí, lograr, es una buena indicación de que es de Dios. Cuando esto sucede, es un recordatorio de que debemos confiar en Dios y confiar en Él para la provisión, fortaleza y sabiduría que necesitamos. Dios desea que confiemos en Él. Es una oportunidad para que venzamos el miedo que nos retiene atrás.

Buscamos razones y excusas para no seguir adelante. Pensamos: "¿Qué pasa si falla? ¿Qué pasa si no puedo hacerlo? Y si ¿No tengo suficiente dinero? ¿Qué pasa si (llena el espacio en blanco)?" ¿Significa esto que tontamente avanzamos sin contar el costo? ¡No! Esto significa pedir SABIDURÍA en cada paso del viaje: para la planificación, la preparación, y provisión. Cuando recibimos una idea de Dios, obtenemos para mostrarle que confiamos en Él y ponemos nuestra fe en acción.

Comencé a preguntar: "Señor, ¿qué debo hacer?" Yo miraría las familias de la iglesia que eran propietarias de negocios. Recuerdo haber pensado: "Quiero poder hacer lo que ellos hacen. Quiero ministrar en el mercado y alcanzar personas a las que otros no pueden llegar más que a través de negocios."

Oré y oré y seguí volviendo a la idea de administrar un restaurante. Durante años, cuando era más joven, investigaría varios modelos de franquicia simplemente porque nunca dirigí un negocio de forma independiente. Al menos las franquicias podrían darle un modelo de cómo hacerlo. Investigue múltiples variedades de franquicias de alimentos, incluido "Chick-fil-A."

Para mí todo se redujo a dos opciones. "Madres Mexicanas" o "Chick-fil-A." "Madres" fue una idea simplemente porque nos encantó el concepto y la comida y conocíamos a la familia, quien lo inició. "Chick-fil-A" fue otro pensamiento porque nos encantó la comida y cómo hacían negocios. Además, conocía al propietario local de nuestra ciudad natal, Todd, muy bien. Muchos niños de nuestro grupo de jóvenes trabajaron en su restaurante. De hecho, la generosidad de Todd el verano anterior es la razón principal por la que me aferré a la idea de perseguir esta franquicia.

Habíamos creado y organizado una importante reunión en todo el condado. Evento de extensión del ministerio juvenil en nuestra iglesia llamado "Festival de Verano del Slam." Nos preparamos para 500 adolescentes pero todavía tenía que aprender cómo conseguir comida para tantos jóvenes. Alguien me sugirió que me comunicara con el local Chick-fil-A. Dijeron que habían oído hablar de ellos suministrando alimentos para eventos comunitarios y de divulgación. Llamé al restaurante y le pregunté si había algún momento en el que pudiera venir. Contacte a Todd para presentarle una idea. Todd estaba más que dispuesto a reunirse conmigo.

Elaboré meticulosamente mi discurso y mi presentación y conseguí el apoyo de mi líder juvenil,

Danny, para asegurarme de que todo estuviera perfectamente alineado. Nos sentamos y esperé y me sentí nervioso por esta gran petición. Todd salió de la cocina, nos saludó a Danny y a mí y preguntó cómo podía ayudarnos. Le di el papel, compartimos nuestro plan para el evento y dijimos que también necesitaba su ayuda para suministrar sándwiches para 500 personas. (Inserte aquí la cara del emoji vacilante.)

No hubo una pausa o un "déjame pensar en esto." En cambio, Tood, dijo una palabra "Hecho" luego se levantó de la mesa y dijo: "Le dejaré saber a mi director de mercadeo y nos aseguraremos de tenerlos para ti."

Nos quedamos impresionados y simplemente nos reímos de la generosidad que experimentamos. En ese momento pensé, "¡Necesito ser parte de esta empresa de alguna manera!"

Aun así, dudé en acercarme a mi pastor y dejarle saber en qué había estado pensando y orando. No quería que pensara que quería dejar de trabajar o servir en la iglesia. Tímidamente compartí mis pensamientos, y él dijo: "David, tuve muchas oportunidades en el ministerio para estar en los negocios y generar ingresos para mi familia. Sólo pensé que tenía que rechazarlo para mantenerme enfocado en lo que Dios me dio para hacer como pastor. Mirando hacia atrás, ahora me doy cuenta de que Él estaba dando una forma de mantener a mi familia de manera más efectiva para poder permanecer sirviendo en el ministerio."

No te dicen en el seminario que la mayoría de los pastores probablemente nunca ganes seis cifras, no te dicen que es posible que no puedas pagar los préstamos estudiantiles con el salario de un pastor. Ciertamente no te dicen cómo muchos abandonan el ministerio vocacional de tiempo completo en el primer año porque no pueden mantenerse para vivir y, por lo tanto, necesitan otro trabajo. Muchos pastores tienen dos trabajos para seguir haciendo lo que Dios les ha llamado a hacer.

Me retó a ir a casa y crear una lista de pros y contras, entre "Madres" y "Chick-fil-A" y luego orar al respecto. Eso es exactamente lo que Kelly y yo hicimos. La semana siguiente, fue evidente. Tenía un pro en el lado de "Chick-fil-A" y muchos otros en el lado de "Madres" lista. Tendría que aprender de alguien; porque no había tenido nunca un restaurante. He trabajado en varias capacidades en restaurantes durante años. Sabía mucho sobre cómo funcionaban las cosas, pero ¿cómo dirigir un Chick-fil-A sin experiencia como propietario? Con Madres vi una familia que inició este concepto y lo hizo bien.

Oramos para que si se suponía que esto era lo que Dios quería que persiguieramos, Él abriría un camino para nosotros y lo dejaría claro. Para ser honesto, Dios no lo hizo del todo claro. Oré y oré un poco más para que Dios me hablara y dijera si esto era lo que debo hacer. Yo quería evitar cometer un error y perseguir algo que me impediría estar en el ministerio. Después de semanas, no escuché ninguna dirección. Estaba orando un poco más, y finalmente sentí que el Señor tocaba mi corazón. Fue como si lo hubiera escuchado decir: "¿Quieres más?"

Tuve que reflexionar sobre eso por un momento. Yo creo que el Señor me estaba desafiando. Podría quedarme complacido haciendo lo que estaba haciendo o ir por más. Esta es una palabra poderosa, y podré exponerla más tarde. Elegí "más." Kelly estuvo de acuerdo. Llamé a la familia restaurantera "Madres" y les propuse mi idea de ser su primer franquiciado. El 9 de Octubre de 2011, estábamos inaugurando la primera franquicia "Madres Mexicana." Después de pensar y orar sobre mi propuesta, estaban de acuerdo.

Vi a Madres Mexicanas como una oportunidad increíble. Recuerdo haber pensado en cómo me encantaría poder apoyar a ministros como mi pastor principal, cuyos salarios pueden ser una broma (sin ofender, pastor Shawn). Sé que está agradecido, pero no es suficiente, la cantidad que estos pastores y sus cónyuges hacen y soportan es irreal. Nadie puede pagarle lo suficiente a un pastor si hace lo que Dios los ha llamado a hacer. La compensación es incomparable. La mayoría nunca ganará lo suficiente para sustentar sus familias efectivamente porque pastorean en comunidades más pequeñas, comunidades rurales. La mayoría de las iglesias no son mega-iglesias donde hay muchos recursos.

Según un artículo reciente de Barna (un periodista independiente grupo de investigación), sólo dos de cada cinco cristianos "practicantes" ofrecen al menos el 10% de sus ingresos anuales como "diezmo." Aquí hay un extracto de ese artículo[4]:

> *"Cuando se trata de generosidad dentro de la comunidad local de la iglesia, sólo el 21 por ciento de los cristianos fijaron sus donaciones de la iglesia al 10 por ciento o más de su ingreso. Por lo general, sus donaciones varían (37%), mientras que una cuarta parte (25%) no da a sus iglesias en absoluto. Los cristianos practicantes son mucho más probable que establezcan sus donaciones al menos en el diezmo habitual del 10 por ciento (42%), aunque eso significa que la mayoría de los cristianos practicantes están todavía cediendo*

---

[4] https://www.barna.com/research/what-is-a-tithe/

en niveles más bajos o cantidades menos predecibles."

Los diezmos y las ofrendas son un principio bíblico. Eran llamados a dar nuestros recursos a la obra del Señor a través de la iglesia. Esto incluye el uso de estos recursos para financiar el pastorado de la iglesia para equipar a los santos. Sí, creo que Dios suplirá todas sus necesidades, según Su promesa en Filipenses 4:19. Sin embargo, todavía quería ser parte del apoyo a los hombres de Dios. que sacrifican tanto para llevar la verdad a las personas que cambia vidas para la eternidad. ¡La palabra sacrificio se queda corta!

Ese prometedor día de Octubre, la familia Grimm abrió la primera franquicia de "Madres Mexicanas" en el área de comidas del centro comercial Monroeville. Monroeville es un suburbio fuera de Pittsburgh. La formación en su restaurante. Duró unos nueve meses y me sentí agradecido. Nos tomó tanto tiempo descubrir cómo pagaremos esta empresa.

¡El equipo de restaurante es caro! ¡Estábamos en el negocio después de que obtuvimos una línea de crédito sobre el valor líquido de la vivienda y agregamos algo de dinero adicional del seguro que recaudamos de un pago por daños a la casa!

Negociamos el contrato de arrendamiento, alquilamos el espacio, nos convertimos en auto contratista en el trabajo, organizó la mano de obra gratuita (no contando la promesa de "Madres Mexicanas" libres de por vida), hizo la construcción, instaló el equipo, contrató y capacitó a nuestros "Constructores de Burritos." ¡Todo eso estaba dentro del primer mes! Fue un trabajo duro, pero nada comparado con las dificultades que estábamos a punto de soportar.

Mientras tanto, yo todavía estaba sirviendo en la iglesia. Yo estaba ahora un día a la semana en la oficina y todavía predicaba los miércoles por la noche con el grupo de jóvenes. Esa semana antes de la gran inauguración, el pastor Shawn entró en mi oficina y dijo: "Es bueno que estés abriendo este restaurante." Me quedé perplejo porque pensé: "Estoy agradecido también." Sin embargo, tuve la sensación de que estábamos pensando cosas diferentes.

El pastor Shawn procedió a compartir que no había suficiente dinero para que la iglesia me mantuviera en el personal. Eso fue un puñetazo en el estómago, por decir lo menos. Me sentí allí aturdido por un momento. Tenía la esperanza de que continuaremos teniendo mis ingresos ministeriales (incluso si fueran a tiempo parcial nuevamente) para que fuera un complemento de lo que generará el restaurante.

No debería haberme sorprendido porque sabía exactamente por qué. Nuestra iglesia acababa de pasar por los más intensos temblores que jamás habíamos experimentado en nuestros 30 años de existencia. Un individuo en la iglesia estaba pasando por un momento difícil en su vida personal. Este hombre había servido en la iglesia en muchas diferentes capacidades y era una de las personas de confianza del pastor Shawn. Estos hombres habían experimentado tanto en el ministerio juntos en todo el mundo. Una serie de dificultades comenzaron en su vida con su salud y su trabajo, y comenzó a actuar de manera diferente con todos nosotros. No pudimos ver exactamente qué estaba pasando con él internamente. Comenzó una sensación de celos y amargura gestándose en su interior. A pesar de sus oraciones, cosas buenas estaban sucediendo para otros y no para él. Al menos, esto es en lo que se centró, a pesar de que Dios había hecho cosas increíbles para él también. Estaba frustrado. De hecho, la iglesia estaba en el lugar más saludable que jamás había estado, y estábamos logrando un resultado impactantemente tremendamente positivo en nuestra comunidad y en todo el mundo con nuestros ministerios de extensión.

No trató adecuadamente estos pensamientos y sentimientos. comenzó una división detrás de escena con otras familias que asistían a la iglesia. Él difundió mentiras sobre todos nosotros en el personal y mantuvo reuniones secretas con estas familias para compartir estas mentiras. Finalmente supimos de dónde habían salido estas ideas. Se produjo un enfrentamiento donde abordamos estas mentiras y comportamientos erróneos. Como resultado, esas familias, incluida su propia familia, decidieron abandonar la iglesia.

Continuaron difundiendo rumores sobre nosotros. A todos lados fueron y causaron tantos daños innecesarios. No vinieron a cada uno de nosotros. primero en saber si lo que estaban escuchando era la verdad. En cambio, tontamente eligieron creer todo lo que les dijeron al pie de la letra. Podrían haberse ahorrado muchas de las angustia y del daño emocional y espiritual, incluyendo los suyos propios. Desafortunadamente, causaron grandes daños, y es difícil describir hasta dónde llegó muchos años después.

Algunos, al igual que sus propias familias, nunca se recuperaron. Muchos se divorciaron y experimentaron situaciones extrañas y no diagnosticadas de enfermedades y dolencias. Este hombre se convenció a sí mismo de que estaba haciendo lo correcto en ese momento, y luego, descubrió que luchó contra la confusión dentro de sí mismo durante años después.

Muchos años después, el pastor Shawn recibió una llamada telefónica. En el otro extremo del teléfono estaba la esposa de este hombre. Ella tímidamente compartió que su esposo pidió ver al Pastor Shawn en el hospital. Estaba en su lecho de muerte. Había contraído MRSA en la columna. Tuvieron que abrirle, afeitar todas las aletas de sus vértebras y limpiarlo. Se estaba recuperando de la operación, pero el pronóstico final no pintaba bien.

Afortunadamente, el pastor Shawn hizo el arduo trabajo de perdonar a estas personas por todo el daño innecesario que causaron en él, su familia y muchos en la iglesia, incluida la mía y la familia de Kelly. Se animó a visitar otra vez al que fuera su amigo de confianza que ahora se había convertido en un traidor. En aquella habitación del hospital, el hombre derramó su corazón, confesó sus pecados, y pidió perdón por lo que había hecho. El pastor Shawn podría decir que lo había perdonado y tuve la oportunidad de orar con él. Algunos días después, cuando falleció, creo que se fue a casa para estar con Jesús porque él rectificó su corazón. Les dije que el trabajo y el sacrificio que hacen los pastores no tienen recompensa.

Sin embargo, esta reconciliación no sucedió por tiempo, y debido a lo que estas personas habían hecho, no había más dinero para mantenerme en el personal. Gracias al Señor que decidimos abrir este restaurante en el momento justo! Al menos eso pensamos en aquel momento, pues el momento era propicio.

Capítulo Nueve:
Temporada de Pruebas

Ha habido momentos en los que creí que confiaba de todo corazón en Dios. Entonces, algo venía que nunca antes me había enfrentado o experimentado, y esa confianza fue puesta a prueba. No sólo se ponía a prueba pero corre por el barro, pisotea y golpea sin piedad hasta el punto de apenas poder sentir pulso. En estas estaciones, descubrí cuánto realmente confió en Dios.

Finalmente aprenderia que Dios es Fiel en toda circunstancia. Esta verdad ha sido un aprendizaje clave en mis años de ministerio. En esos momentos en los que no puedes ver la mano de Dios o están buscando las respuestas de Dios o provisión, y parece que no está ahí, la confianza aún importa. Dios siempre es fiel y sus promesas nunca fallan. Pablo nos recuerda esto en Filipenses 4:19 (NVI) cuando escribe: "Así que mi Dios les proveerá de todo lo que necesiten, conforme a las gloriosas riquezas que tiene en Cristo Jesús."

Las cosas iban muy bien poco antes de que lanzáramos nuestro restaurante y el intento de golpe de Estado en el iglesia. Tuvimos nuestras primeras tres niños: Tenley, Asher, y Hallie. Teníamos una hermosa casa al lado de la casa de mis padres junto a una reserva natural construida por Arnold Palmer. (Este terreno era la antigua granja de mis abuelos).

Nuestra iglesia y grupo de jóvenes estaban creciendo. Planeamos empezar un nuevo negocio y la vida era buena. Entonces, un día, una señora de nuestra iglesia entró a mi oficina. Ella era una anciana que preguntó si podía compartir algo que ella creía que Dios le había dado. Era un verso en los Salmos. Se siente muy cargado cuando viene la gente. y pregunta cosas como esta. Por ejemplo, si dices, "No, no puedes compartirlo," ¿qué harán? Yo dudaba en escucharla y contemplaría orando al respecto lo que ella quería decirme para determinar si era realmente de Dios. Ella leyó lo siguiente versículo: "Haz conmigo señal para bien, Y véanla los que me aborrecen, y sean avergonzados; Porque tú, Jehová, me ayudaste y me consolaste."

Salmos 86:17 (RVR1960)

Ella compartió que Dios quería que yo tuviera este versículo para orar y aferrarme a lo que estaba sucediendo o a punto de suceder. Se sintió muy siniestro y no me gustó ni un poco. Ella procedió a preguntar: "¿Está todo bien contigo? ¿Está pasando algo difícil?" Tuve que pensar en eso por un momento.

Contemplé cómo, tres años antes, mi mamá, Bárbara, había luchado contra el cáncer de mama. Ella soportó numerosos tratamientos y rondas de radiación, y nuestra familia oró fervientemente por su recuperación. A pesar de nuestras esperanzas y oraciones, mi mamá todavía tuvo que someterse a estos tratamientos desafiantes. Después de un par de años, nosotros recibimos la noticia de que estaba en remisión y mis padres, Dennis y Barbara, finalmente estaban recuperando una sensación de normalidad.

Acabamos de tener nuestra primera hija, Tenley y estábamos en modo de celebración como familia.

Sin embargo, la celebración duró poco. Ese verano, mi papá enfermó con una enfermedad que afectó gravemente su capacidad respiratoria. Sospechamos que podría ser un resfriado o una infección respiratoria rápida e hizo evidente que su situación era mucho más severa. Mi padre luchó por recuperar el aliento. dejándolo incapaz de hablar. Casi no podía moverse por falta de energía y se quedó sin aliento.

Mi madre insistió en que fuera a urgencias. Cuando el equipo médico realizó pruebas y recibió resultados de análisis de sangre de mi padre, el médico inmediatamente reconoció que algo andaba muy mal. Ellos organizaron su traslado al Hospital Shadyside en Pittsburgh, una instalación reconocida por su experiencia en tratamientos contra el cáncer. Allí, el equipo médico consideró que era imperativo realizar una biopsia de médula ósea. Dos días después le diagnosticaron Mieloide Agudo Leucemia, que había consumido más del 70% de su producción de sangre. El médico nos dijo que tenía un 30% de posibilidades de sobrevivir al tratamiento. No la enfermedad en sí sino la supuesta cura.

Esta fue una noticia brutal y devastadora. Recuerdo vívidamente cuando mi mamá, mi papá y yo nos sentamos con el médico, escuchando atentamente mientras describía los riesgos potenciales y desafíos asociados con el plan de tratamiento. Pensé por un breve momento: "Señor, por favor toma a mi papá. No dejes que pase por este sufrimiento." Mientras yo en silencio oré, la paz abrumadora de Dios inundó mi mente y corazón. Dios me dijo: "Todo va a estar bien." Mi papá escuchó lo mismo. De lo contrario, dejar que el si la enfermedad siguiera su curso hubiera sido mejor.

Había un hombre en el mismo piso con el mismo diagnóstico. Era culturista y tenía sólo la mitad de años que mi padre.

Sólo vivió unas pocas semanas después de contraer la enfermedad. Lo que demuestra lo letal que es en realidad. Mientras todas las formas de leucemia son terribles, este tipo se clasifica entre las más agresivas.

De los seis hermanos vivos de mi papá, su hermana era la mejor compatible con su sangre y donó sus células madre. Ellos mataron su médula ósea y las células madre se regeneraron en su médula muerta para producir sangre sana nuevamente. ¡El tratamiento en sí fue un milagro!

Me saltaré los detalles, pero después de cuatro meses de viajes al hospital para visitar y orar con mi papá semanalmente, el doctor le dijo algo que normalmente no se oye decir a los médicos. El médico era cristiano y él y mi padre a menudo hablaban del Señor. Para nuestra sorpresa, el doctor ¡Le dijo que estaba curado! Catorce años y medio después, desde el momento de escribir este artículo, todavía están monitoreando su análisis de sangre, pero el cáncer no ha regresado.

Estoy asombrado. Mi papá pasó de tener un 30% de posibilidades de sobrevivir al tratamiento hasta estar 100% curado. Cuidando de mis padres Dios nos hizo pasar una temporada desafiante.

Cuando la mujer entró a mi oficina para compartir este verso del Libro de los Salmos y preguntó si había algo difícil estaba pasando en mi vida, estos fueron los primeros pensamientos que inundaron mi mente. Aunque había trascendido unos años antes, eran realmente difíciles en ese momento. Además, las pruebas todavía parecían recientes. Tuve tres hijos en pañales y me sentí como un zombie porque no había dormido desde que nacieron. "¡Sí, es difícil ahora mismo!"

Así es la "vida" difícil, o no? La vida de pronto nos manda por las curvas, y también entendemos que tener bebes lo cambia todo. Ya habíamos resistido una buena parte de retos. ¿Qué más dificultades se nos podrían venir?

Si tan solo hubiera sabido lo que me esperaba. Mirando hacia atrás por lo que sé ahora, esta mujer habló proféticamente sobre lo que pronto sucedería.

"Madres Mexicanas" en el Centro Comercial Monroeville

Nos estábamos preparando para lanzar nuestro restaurante en el centro comercial Monroeville. Pase septiembre del 2011 preparándome para la gran inauguración. Me convertí en mi propio contratista. Mi papá, algunos amigos de toda la vida y yo elaboramos el contrato de arrendamiento. El espacio vacío se transformó de ser un caparazón casi vacío a un restaurante Mexicano. Cuando entró esta mujer a mi oficina, meses atrás se me había olvidado completamente, lo desconecte porque no había pasado nada.

Apenas una semana antes de la inauguración el 9 de Octubre del 2011, nos dimos cuenta de que hacer un restaurante financieramente viable no era un lujo, sino una necesidad. Confiamos en que este emprendimiento se convirtiera en nuestra primera fuente de ingresos. Los primeros tres meses fueron dorados! Comenzamos a hacer planes de abrir otras tres más "Madres." Estaríamos bien de por vida en base a las ventas.

Después llegó enero.

Supongamos que usted conoce algo de las ventas a menudeo en un centro comercial. En este caso te enfrentas a la primera semana de enero. Suele ser rentable para las ventas de los centros comerciales. Los niños regresan a la escuela, y el 90% de tus clientes deja de gastar dinero. Hay posibilidades de que tengan retornos navideños, pero eso es todo. Excepto los empleados del centro comercial. Que aprovechan los generosos descuentos para empleados, parecían como grillos, y sus órdenes apenas alcanzaban para mantener el negocio vivo.

Las cosas empeoraron cuando recibimos algunas malas noticias desconcertantes en enero. Chick-fil-A estaba retirándose del área de comidas. Cuando escuché la noticia por primera vez, un "trago" nervioso pareció alojarse en mi garganta. Chick-fil-A solo sale de una ubicación si las ventas y el tráfico peatonal han disminuido drásticamente. Esa era una señal siniestra. Sin embargo por el contrato de arrendamiento estábamos forzados a perseverar y hacer que nuestro negocio prosperará.

Las ventas fueron lentas a principios del 2012. Pensé dentro de mí: "¡No hay problema! Febrero está a la vuelta de la esquina." La llegada de un nuevo mes no ayudó en nada, nuestro resultado final estaba en caída libre. Febrero es históricamente el peor mes de ventas del año para los centros comerciales. En el transcurso de Marzo, anticipamos un repunte constante en el negocio. Fieles a nuestras esperanzas, las ventas empezaron a recuperarse y parecía como si estuviéramos de vuelta en la carrera.

Trabajaba de lunes a sábado desde que abríamos hasta cerrar, con excepción de los Miércoles por la tarde, mi esposa se encargaba de la tienda los Domingos para que yo pudiera ir a la iglesia y poder pasar el día con nuestras hijas. Trabajaba como voluntario un día a las semana, aunque no me pagaban. Hice malabarismos con múltiples responsabilidades, desde preparar la comida en la cocina de "Madres" y atender a los clientes hambrientos. Hasta elaborar mis sermones de los Miércoles por la noche durante los descansos. Era innegablemente agotador, pero nuestro trabajo en equipo lo hizo todo posible. Tuvimos la fortuna de contar con "Los Constructores de Burritos" (como cariñosamente les llamamos a nuestros empleados) excepcionales con quienes siempre podíamos contar.

Luego, durante la primavera de 2012, sucedió lo inesperado. El siguiente artículo del sitio web de noticias WTAE Channel 4 lo explica todo.[5]

> *"El tiroteo se desató en un centro comercial del área de Pittsburgh el sábado a las 7:33 p.m., obligando a los compradores a correr en busca de seguridad.*
>
> *El centro comercial y la sala de emergencias del Hospital Forbes fueron cerrados mientras la policía buscaba al pistolero. La policía fue a la tienda para evacuar el centro comercial.*
>
> *Jesse Miller, un portavoz del Hospital Forbes, dice que los detectives le dijeron al hospital que cerrará su sala de emergencias hasta que estuvieran seguros de que el tirador había sido capturado.*

---

5   https://www.wtae.com/article/monroeville-mall-suspect-has-juvenile-past/7470040

Se llamó a oficiales y agentes de 15 agencias diferentes para realizar la búsqueda del sospechoso y ayudar con el incidente. Fueron tienda por tienda y piso por piso.

Courtney Fischer de Action News 4 de Pittsburgh habló con un testigo ocular del tiroteo que dice que vio a un hombre sacar una pistola negra y apuntarla 'a un grupo de personas.' Los compradores describieron el caos cuando sonaron los disparos. 'Agarré a mi amigo y le dije: 'Vámonos' y le dije: 'Nos vamos de aquí', dijo Mitchell Swann, de 18 años, de Rankin, al Pittsburgh-Tribune Review. Dijo que escuchó varios disparos.

Yvette Jackson, de 38 años, de North Braddock, estaba asistiendo a una fiesta de cumpleaños en Giggles and Smiles, un centro de fitness y diversión para niños. 'Vimos mucha gente corriendo, mucho caos', dijo al periódico. Dijo que ella y otros clientes estuvieron encerrados en la tienda durante unos 45 minutos hasta que llegó la policía y los dejó salir.

Terrelle Pryor, nativo de Pennsylvania y ex mariscal de campo de la NFL, tuiteó que estaba en el centro comercial Monroeville Mall y vio a dos personas recibir disparos.

'Maldita sea, estuve en el centro comercial Monroeville Mall y vi a dos personas recibir disparos', tuiteó. 'Están permitiendo que entren armas allí.'"

Después de este incidente, el centro comercial se convirtió en un pueblo fantasma. No había ninguna cantidad de marketing o esfuerzo que fuera a resolver este problema. Créanme, lo intentamos. Los clientes no querían comprar en un lugar en el que se sintieran inseguros. Había muchas otras opciones.

Antes de que nos diéramos cuenta, estábamos tres meses atrasados en el alquiler. Dejamos de pagarnos y trabajamos tantas horas como pudimos. Afortunadamente, mi esposa todavía tenía su trabajo de tiempo completo como analista de datos. En ese momento, sus ingresos eran suficientes para al menos pagar nuestras necesidades básicas de cuatro paredes en casa. Yo no ganaba dinero, pero podía pagar las cuentas del restaurante (menos el alquiler). También podía comer la deliciosa comida mexicana de Madres para el almuerzo y la cena todos los días.

En otras palabras, todavía nos iba bien. Es decir, hasta una noche en la que mi esposa llegó a casa después de su viaje de 45 minutos del domingo desde el restaurante.

Nuestros tres hijos estaban acostados. Esperé a que Kelly entrara para que pudiéramos sentarnos a ver la tele juntos antes de dormir y despertarnos al amanecer, solo para repetir el ciclo. Subió rápidamente las escaleras sin decir palabra.

Mientras me sentaba en el sofá para relajarme, algo fue arrojado a toda prisa desde atrás de mí a mi regazo. Era un palo de plástico con dos pequeñas líneas, y mi esposa entró en pánico. De camino a casa del trabajo ese día, se dio cuenta de que había llegado "tarde." No quiero decir que llegará tarde al trabajo. ¡Estoy hablando de un retraso de tres meses de un tipo diferente!

Es fácil juzgar, pero nuestras vidas se estaban moviendo a una velocidad vertiginosa, y apenas teníamos tiempo para prestar atención a esos asuntos. Me levanté de golpe y me sentí enfermo.

Inmediatamente, me encorvé y declaré: "Necesito hablar con el pastor Shawn."

Estábamos eufóricos, pero llenos de pánico, tristeza y preocupación en medio de nuestra alegría. Para decirlo sin rodeos, éramos un desastre. ¿Cómo pudo pasar esto? Bueno, todos sabemos cómo, pero aun así, ¡esto no fue planeado! Estábamos a la caza de la vida económicamente, dado todo lo que estaba sucediendo en nuestro negocio, además del hecho de que teníamos tres niños en pañales. ¿Cómo podríamos hacer esto? Queríamos celebrar el cuarto y más nuevo miembro de nuestra familia. Aun así, también nos sentíamos tristes debido a nuestra falta de tiempo y recursos financieros. Alternamos entre reír y llorar.

No lo sabíamos entonces, pero Dios sabía que necesitábamos a esta cuarta hija. La llamábamos cariñosamente nuestro alivio cómico. Intentamos, oramos y luchamos para tener los otros tres hijos, pero ella fue la mejor sorpresa de todas. Nos preparamos y nos adaptamos para darle la bienvenida a nuestra cuarta miembra. ¡Ahora teníamos cuatro niños menores de cuatro años!

Llegó la temporada de compras de otoño. La gente seguía escéptica, incluso con la nueva subestación de policía en el centro comercial. El tráfico comenzó a regresar lentamente, pero necesitábamos mucho más para salir de los pagos atrasados de alquiler de más de tres meses. Apenas cumplíamos con nuestras obligaciones y todavía no estábamos ganando lo suficiente para pagarnos a nosotros mismos. Estábamos sintiendo el estrés de estar perdidos. Oramos y le pedimos a Dios sabiduría y un milagro.

El cáncer de mama de mi madre había regresado durante este tiempo, pero no como esperabas. Un día, mientras estaba en el restaurante, recibí una llamada. "A mamá la están llevando al Hospital Shadyside en una ambulancia."

"¿Qué? Sé que ha estado teniendo dolor de espalda, pero ¿Qué está pasando?", pregunté. La estaban llevando para someterse a una serie de pruebas. Se descubrió un tumor enorme que había devorado una parte de su columna vertebral. Era el cáncer de mama lo que causaba todo el dolor. Había vuelto y había hecho metástasis en esa parte de su cuerpo. Planearon una cirugía de emergencia. Me escapé del negocio y fui al hospital justo a tiempo para orar con mi mamá. Le pedimos a Dios un milagro.

Los médicos le extirparon el tumor y le colocaron una placa para mantener firme su columna vertebral. En el seguimiento, le hicieron más pruebas y descubrieron que el cáncer se había propagado a otras partes del cuerpo y del cerebro.

Había vuelto a casa después de recuperarse. A mi mamá y a mi papá les encantaba caminar hasta la casa de al lado para visitarlos y pasar tiempo con los niños. Esta vez, la visita no fue tan alegre. Afortunadamente, la noticia sorpresa de nuestro cuarto hijo pudo animarlos, aunque fuera para distraerlos de la situación por un momento.

Durante los meses restantes de su tratamiento, creí con todo mi corazón que Dios sanaría a mi mamá. Ya fuera a través de medicamentos como mi papá o por un milagro absoluto, sabía que sucedería. Creí. ¿Por qué no debería creer? ¡Había visto cáncer tras cáncer desaparecer milagrosamente en tantas vidas! Dios podía hacer cualquier cosa y yo lo sabía.

Era principios de Octubre de 2012, y mi mamá estaba nuevamente en el hospital. Le pregunté a mi pastor si podía ir conmigo a orar, luchar contra este cáncer de una vez por todas y declarar un milagro sobre mi mamá. Ella me preguntó con su voz frágil: "¿Crees que me sanaré?" Con toda seguridad, le dije: "Sí, mamá, sé que Dios lo hará."

Cuando salimos del hospital, tuve un pensamiento reservado y pregunté: "Pastor Shawn, ¿cree que mi mamá se va a curar?" Recién ahora me di cuenta de que nunca respondió cuando estábamos dentro del edificio. Apenas podía mirarme. No le salían palabras y las lágrimas llenaban sus ojos. No necesitaba responder. Sabía lo que me estaba diciendo y tenía razón. No quería admitir lo que había en mi corazón.

Estaba afuera un Domingo jugando con los niños solo unas semanas antes de este momento, cuando ella todavía podía caminar. Vi a mi mamá delgada y débil con la cabeza cubierta, y recordé que Dios me había dicho: "Me la llevo a casa." Rápidamente descarté esto como pensamientos de duda, ya que no quería admitir la derrota.

"Ella lo va a lograr. Ella va a ver a mis niños crecer. Ella es una artista y siempre tuve planes de que algún día les enseñara a mis hijos a pintar. Mi mamá no se irá de este mundo sin ver crecer a sus nietos." Pensé en estos pensamientos muchas veces antes.

Le dieron el alta para que recibiera cuidados paliativos en la casa poco después de que su estado empeorara. En la casa de mis padres, al lado, celebramos el 33 aniversario de bodas de mi mamá y mi papá el 7 de Octubre de 2012. No teníamos nada para dar, pero podíamos compartir el nombre que habíamos elegido para nuestra futura recién nacida. Decidimos llamarla "Sadie Ann," como el segundo nombre de mi mamá. Se le dibujó una sonrisa en el rostro cuando escuchó la noticia por primera vez.

Mucha gente vino y se fue los dos días siguientes. Me preguntó: "¿Todavía crees que me voy a curar?"

"Sí, mamá," respondí yo, sin tener valor para decir lo contrario.

Dos noches después, estábamos todos juntos, ya que mi mamá estaba ahora fuertemente sedada. Me fui a casa a pasar la noche y me duché. Mi papá se inclinó hacia ella y le susurró: "Cariño, así como has confiado en Dios con todo lo demás en tu vida, es hora de confiarle a Dios tu respiración." Ella respiró un par de veces más y luego no respiró.

Recibí la llamada de casa. Aunque me llené de lágrimas de alegría y tristeza, mi respuesta inmediata fue: "¡Mamá llegó a su hogar celestial!"

No pude evitar pensar: "Mamá ahora está en El Cielo y se dice a sí misma: '¿Por qué no me solté antes?'" Creo que mi mamá se curó ese día. Fue hecha perfecta en El Cielo. No más sufrimiento, tristeza ni lágrimas. Ella llegó a casa para estar con Jesús.

Yo todavía estaba enojado, furioso y confundido, pero también contento de que ella ya no estuviera sufriendo. El fin de semana siguiente fue un torbellino para su funeral, donde pudimos organizar una última gala de arte llena de sus obras de arte. Le hubiera encantado que todos apreciaran su arte. No podíamos pensar en una mejor manera de celebrar su vida.

El Lunes siguiente, volví a abrir las puertas del negocio, sin poder llorar frente a los invitados que pagaban con gusto. Esto fue difícil. Estaba enojado con Dios por no sanarla aquí, pero también me sentí aliviado por mi madre al mismo tiempo. Está bien compartir lo que sentimos y pensamos con Dios. Él ya lo sabe, después de todo. Dios es grande y puede manejarlo. Quiere que se lo llevemos todo a Él. 1

Pedro 5:7 (NVI) dice: "Depositen en él toda ansiedad, porque él cuida de ustedes."

A pesar de lo mucho que deseaba que mi madre sanará en este planeta, no lo hizo. Después de su regreso a casa, luché con la duda en mis oraciones y luché durante mucho tiempo. Al mirar atrás, creo que Dios me estaba preparando para ver cuán grande es Él y cuánto se preocupa realmente por nosotros. Aprendí que Su plan para mi madre no reflejaba Su plan para mí. La Biblia nos dice en Eclesiastés 3:1-2 (NVI): *"Todo tiene su momento oportuno; hay tiempo para todo lo que se hace bajo el cielo: tiempo para nacer y tiempo para morir; tiempo para plantar y tiempo para cosechar; tiempo para matar y tiempo para sanar; tiempo para destruir y tiempo para construir;"*

Nos gusta hablar del momento de nacer y tener bebés. No nos gusta hablar de la otra garantía. Todos tenemos una fecha de vencimiento. Cuando llegue, ¿estaremos listos?

Milagros

He aprendido una verdad curiosa sobre los milagros. No siempre ocurren. Cuando suceden, es cuando los necesitas. Piensa en lo que constituye un milagro. Para que un milagro ocurra, debes enfrentar una situación o necesidad desesperada. Cuando una respuesta llega de manera sobrenatural de una manera que de otra manera sería imposible, se llama milagro.

El diccionario Webster define un milagro de esta manera: "un evento extraordinario que manifiesta la intervención divina en los asuntos humanos."

En una situación desesperada, se necesita algo mayor que las capacidades terrenales para traer las respuestas. En ésta fue donde Kelly y yo nos encontramos durante los siguientes tres años. Lo que sigue es un resumen de lo más destacado, pero no una lista exhaustiva, de todo lo que Dios hizo en nuestras vidas durante esta temporada. Compartir las siguientes historias es extremadamente humilde. Requiere que admitamos lo desesperados que estábamos e incapaces de resolver los problemas que enfrentamos.

¡No podríamos hacer nada de esto por nuestra cuenta! Dios es bueno.

Recibimos una carta certificada por correo poco después de la muerte de mi madre. Provenía de la empresa de administración de propiedades del centro comercial y decía que tendríamos nuestras puertas cerradas con candado antes del 24 de Diciembre de 2012, si no pagábamos todos los pagos atrasados del alquiler.

¿Vivíamos en el "Cuento de Navidad" de Charles Dickens? ¡¿Tenían que elegir la Nochebuena?! ¿Estas personas hablaban en serio? ¡¿Quiénes son, Ebenezer Scrooge?! Esta era nuestra nueva realidad y no podíamos hacer nada al respecto.

En Noviembre de 2012, la temporada de compras navideñas había comenzado y la carta certificada se cernía sobre nuestras cabezas. No teníamos idea de qué hacer porque no podíamos hacer que estos compradores se manifestaran, pero curiosamente, lo hicieron. De hecho, este Diciembre fue una de las temporadas de compras navideñas más concurridas que el centro comercial haya visto. En solo unas pocas semanas, pudimos devolver más de $20,000 justo a tiempo para permanecer abiertos después de Navidad. Fue un verdadero milagro navideño.

Las ventas estaban creciendo nuevamente y estábamos descubriendo una nueva rutina sin mi madre solo dos meses después de que ella se fuera a casa. Era el día después de Navidad y teníamos motivos para celebrar nuevamente. ¡Y lo hicimos! Nuestra familia tiene una tradición anual de ir al cine el día después de Navidad. Es algo que todos esperamos con ansias. Nuestros familiares que viajan a Pensilvania se reúnen durante las vacaciones y hacen de la noche de cine una prioridad. Siempre asisten al menos veinte personas.

Salimos del cine y entramos al centro comercial tan pronto como terminó la película. Este era el mismo centro comercial donde estaba ubicado nuestro restaurante "Madres." Nos sorprendió encontrar un pueblo fantasma con cinta de precaución y policías bloqueando todas las entradas. ¿Qué pasó?

¡Nuestro centro comercial fue noticia nacional OTRA VEZ! Una multitud de 100 adolescentes organizó un plan para aterrorizar el centro comercial esa noche. Saquearon las tiendas minoristas, se lanzaron a una ola de robos, volcaron quioscos, atacaron a los clientes y destruyeron la propiedad. La gente tenía miedo y el tráfico disminuyó una vez más. Nuestros empleados se encerraron en el área de la oficina trasera del restaurante esa noche y no pudieron comunicarse con nosotros debido a la falta de señal de celular en el cine.

Unos meses después, se produjo otro tiroteo en el estacionamiento del centro comercial. Las ventas se desplomaron aún más, y también nuestros ingresos. Volvimos a pagar a nuestros empleados, pero no a nosotros mismos. Trabajaba 80 horas a la semana sin ingresos y estaba tratando de recuperarme.

Por supuesto, la bomba trituradora de nuestra casa, que bombea las aguas residuales, también se averió casi al mismo tiempo.

Necesitábamos ayuda para conseguir el dinero para arreglarla. Apenas podíamos comprar alimentos y ya no podíamos ducharnos ni usar el agua. Los seis teníamos que cepillarnos los dientes al aire libre con una manguera en medio de la nieve en invierno. Ver a cuatro pequeños abrigados y cepillarse los dientes fue todo un espectáculo. Fue la gota que colmó el vaso. Estaba perdido. No podía entender.

El lugar donde vivíamos era rural y quemar la basura era aceptable. Llevé un par de bolsas de nuestra cocina a nuestro pozo de quema compartido con mi padre. De pie en la nieve, mirando el fuego, miré el cielo nocturno. La nieve brillaba por todas partes y oré desesperadamente: "Señor, muéstrame una señal de favor para bien." En ese momento, vi una estrella fugaz atravesar el cielo, llenándome de esperanza, aunque fuera por un breve momento.

De nuevo, estos son solo los puntos destacados y algunos detalles de nuestras luchas durante este tiempo. ¿Por qué enumero todas estas cosas horribles? ¿Para que sientan pena por nosotros? No. Necesito contarles sobre la lucha y la crisis que atravesamos para que puedan comprender la victoria que se avecinaba.

Lo que sucedió después fue nada menos que milagroso.

La Suburban Cargada:

Entre los ingresos de Kelly, mi falta de ingresos y nuestros gastos comerciales recurrentes, apenas podíamos pagar nuestras facturas personales. Tuvimos nuestro cuarto bebé y hubo días en los que tuvimos que decidir si comprar alimentos o pagar las facturas. Un día, todo llegó a un punto crítico y mi esposa y yo no sabíamos cuál era nuestro próximo paso. Fuimos a la iglesia un miércoles por la noche y pedimos oración. Nos sentimos humillados. Ambos estábamos destrozados. Fuimos al frente del altar de la iglesia y le pedimos ayuda a Dios.

Ese sábado por la mañana, una amiga nuestra llegó a la entrada de nuestra casa en su Suburban. Nos contó que se había despertado la noche anterior y que Dios le había dicho que hiciera una lista completa de la compra. ¡Su Suburban estaba a reventar! Su lista de la compra era detallada. Los comestibles incluían la marca de gel de afeitar que yo usaba, la fórmula única que mi hija menor tomaba por su alergia a la leche y una caja de tazas Keurig. Esto último fue raro porque no teníamos cafetera Keurig, pero para nuestra sorpresa, mi papá vino ese mismo día con una cafetera Keurig nueva. (Fue un regalo de Navidad adelantado).

La lista continúa. Además de todo lo demás, nuestra amiga de la iglesia también nos compró sábanas nuevas de algodón egipcio para nuestra cama tamaño queen. Es importante destacar que esta mujer no sabía nada de nuestras necesidades específicas. ¿Cómo sabía exactamente qué productos comprar, ni siquiera la marca exacta? ¿Cómo sabía que mi papá nos regalaría una cafetera Keurig? ¡Ese día nos dio suficiente comida para más de tres meses! Nuestros hijos saltaban y corrían entre las pilas de sus bocadillos favoritos en la cocina. ¡Fue todo un espectáculo!

Estaba increíblemente agradecido por su generosidad, mi esposa admite que este acto de bondad sanó algo que estaba roto dentro de su corazón y que ella no sabía que necesitaba sanidad.

Créditos de Alimentos:

El negocio seguía lento. Sin embargo, un día recibí una llamada de nuestro proveedor de alimentos, Gordon Food Service. De alguna manera, un crédito por un sobrepago nos dio casi un mes de comida gratis para el restaurante. Sorprendentemente, esta no fue la única vez que recibí esta llamada. Ocurrió varias veces más durante los meses siguientes.

Tiempo de Navidad:

No teníamos idea de cómo compraríamos regalos de Navidad para nuestros hijos esta temporada. No había forma terrenal de que pudiéramos comprarlos. Mi esposa, Kelly, cuenta la historia muy bien, ya que la vivió en primera persona.

> *"Todos los días en el trabajo, tenía que caminar por un paso elevado desde una parte del juzgado para llegar a la oficina de impuestos en otro edificio del juzgado. En Navidad, tenían una mesa enorme preparada con niños a los que podías apadrinar y comprarles regalos. Creo que era a través de 'Angel Tree.' Los padres de estos niños estaban encarcelados o posiblemente no tenían padres y eran simplemente parte del sistema.*

Estábamos realmente luchando económicamente y no sabíamos cómo compraríamos regalos para nuestros cuatro hijos ese año. El primer día que vi la mesa preparada para apadrinar niños, vi a una familia de tres hermanos y sentí un empujón en mi corazón para tomar sus nombres y comprarles regalos de Navidad.Rápidamente reprimí ese sentimiento, pensando: 'Eso es una locura porque no tengo dinero para mis propios hijos esta Navidad.'

Al día siguiente, tuve la misma sensación cuando pasé por la mesa. Me enojé y pensé: 'Dios, no puedo mantener a estos niños, lo sabes.' Sin embargo, incluso decir eso en voz baja no me trajo paz, y pensé: 'Si sus nombres siguen aquí para el viernes, los aceptaré.' Vi los nombres los dos días siguientes, me estresé más por eso, y supe que cuando pasara por allí el viernes por la tarde, allí estarían.

Llegó el viernes y tomé nota de sus nombres y de las sugerencias de regalos que llevaban. Tenía 150 dólares, que hubiera sido todo el dinero que tenía para dividir entre nuestros cuatro niños para Navidad, y tener ese dinero para gastar en Navidad significaba que estaba eligiendo retrasarme en un par de facturas en primer lugar. Dividí los 150 dólares entre los tres hermanos y sentí tanta paz, siendo una bendición para otra familia que obviamente era menos afortunada que nosotros. Sentí que estaba escuchando al Señor que me pedía que diera. Había pensado en mi cabeza que mis hijos eran todavía muy pequeños y realmente no reconocerían no tener una Navidad.

Ese Domingo, fuimos a la iglesia y una pareja de la edad de mis padres se nos acercó. Dijeron que sentían que el Señor les había dicho que debían comprarles a nuestras hijas sus regalos de Navidad este año. Me pidieron que les diera de cuatro a cinco sugerencias de regalos para cada una de nuestras hijas. Me quedé sorprendida y me sentí humilde. Creo que el Señor nos puso a prueba para ver si seríamos fieles con las pequeñas cosas en los tiempos difíciles. ¡Mis hijas tuvieron una Navidad increíble con tantos regalos! Nunca supieron hasta años después que los regalos no eran de nosotros y les contamos la historia de cómo Dios proveyó para nosotros cuando fuimos obedientes al confiar en Él."

Un Producto Inesperado:

Otro día, un nuevo restaurante fuera del centro comercial se mudó a nuestro patio de comidas. Echaron un vistazo y se acercaron a nosotros. Nos dijeron que estaban cambiando de productos de Coca-Cola a productos de Pepsi, notaron que éramos los únicos que vendían Coca-Cola y nos preguntaron si queríamos todos sus productos sin usar. ¡Gracias a este regalo, no tuve que volver a comprar productos de bebidas durante tres meses!

La Moneda en la Boca del Pez:

En otra ocasión, hice mi ronda semanal y recogí los productos de nuestro restaurante. Tenía la gasolina suficiente para hacer el trabajo, pero no tenía idea de cómo llegar a casa esa noche después del cierre. No tenía dinero. Contemplé la posibilidad de pedirles a mis suegros, que vivían en el mismo pueblo donde estaba ubicado nuestro restaurante, si podía pasar la noche allí para poder abrir el restaurante al día siguiente.

Mientras estos pensamientos pasaban por mi cabeza, recordé el mensaje de la iglesia del Domingo anterior. El texto era Mateo 17:27, donde Jesús le dice a su discípulo Pedro que fuera a pescar un pez, y en su boca habrá suficiente dinero para pagar el impuesto del templo. Oré: "Señor, necesito un momento de 'una moneda en la boca del pez' ahora mismo." Abrí el gran ascensor para cargar nuestro producto.

Un billete de diez dólares estaba en el suelo, y era suficiente para ir a casa y regresar al día siguiente.[6]

Ya no es Necesario Usar una Manguera:

Cuando mi mamá falleció, no teníamos idea de que su jefe había organizado una recaudación de fondos en su honor para recaudar dinero para la investigación del cáncer de mama. Después de alcanzar su objetivo, nos entregaron las finanzas sobrantes a nuestra familia. ¡La cantidad fue suficiente para reemplazar nuestra bomba trituradora para que pudiéramos usar el agua en nuestra casa nuevamente!

---

[6] ¡Esto fue antes de que tuvieras que hipotecar tu casa para pagar un tanque de gasolina lleno!

Una y otra vez, cuando no teníamos otras opciones, ocurrió el milagro y se cubrieron todas nuestras necesidades. Definitivamente hubo momentos en los que nos sentimos abatidos y sentimos que queríamos rendirnos, pero nunca perdimos la esperanza y confiamos en que Dios nos ayudaría. Los milagros todavía ocurren, y somos una prueba viviente.

Quizás quieras creer que los milagros todavía pueden ocurrir, pero tienes miedo o incertidumbre. En Marcos 9, Jesús le dice a un hombre con un niño enfermo que todo es posible para la persona que cree. Esto es lo que sucede a continuación: "Al instante el padre clamó: —¡Sí, creo, pero ayúdame a superar mi incredulidad!" Marcos 9:24 (NTV)

Quizás elijamos no creer en milagros porque no queremos decepcionarnos. Hemos creído (o intentado creer) durante tanto tiempo, y nada parece cambiar o mejorar. Incluso podemos sentir que está sucediendo lo contrario de lo que esperamos, lo que hace que sea fácil sentir que nuestras oraciones caen en oídos sordos.

Al mirar atrás en mi vida, recuerdo muchas veces cuando creí, y nada sucedió. Creí que mi mamá se sanaría físicamente, pero esto nunca sucedió. Mi situación era similar a la de este hombre en Marcos 9. Había intentado muchas veces encontrar ayuda para su hijo, pero no tuvo éxito. Sin embargo, algo era diferente esta vez. Jesús le dijo que creyera, y aunque fue una lucha, el hombre eligió confiar en Jesús pidiendo su ayuda.

No pretendo entender por qué las cosas no siempre suceden como esperamos. Lo que sí sé es que cuando no ves la mano de Dios, aún puedes confiar en Su corazón. Él tiene un plan para todo, incluso si no parece bueno en el momento.

Si estás pasando por algo, Dios lo usará para bien si mantienes tu fe y esperanza en Él. Ninguna prueba es en vano. ¿Recuerdas el pasaje de Santiago que compartí antes sobre la sabiduría? Santiago habla de la sabiduría al mismo tiempo que menciona el valor de las pruebas. En los versículos inmediatamente anteriores, Santiago escribe: "Hermanos míos, considérense muy dichosos cuando tengan que enfrentarse con diversas pruebas, pues ya saben que la prueba de su fe produce perseverancia. Y la perseverancia debe llevar a feliz término la obra, para que sean perfectos e íntegros sin que les falte nada." Santiago 1:2-4 (NVI)

Incluso ante las luchas, tened por sumo gozo porque de la lucha nacerá el propósito. Seguid creyendo.

Capitulo Diez:
Chick-fil-A

En aquellos días, comencé a apartarme un día a la semana para alejarme del negocio. Seguía trabajando como voluntario en la iglesia y sirviendo en el ministerio pastoral. Sabía que Dios aún no había terminado conmigo allí. No sabía lo rápido que mi tiempo en ese rol se estaba acabando, y no había forma de que pudiera haber esperado lo que sucedería después.

Estar en la iglesia semanalmente era mi lugar de soledad y restauración durante todas nuestras pruebas en esta temporada. Podía estar tranquilo en mi oficina sin distracciones y orar. Todo lo que había sucedido estaba preparando mi corazón para estar lista, y tenía la sensación de que algo más estaba en el horizonte. Me inquietaba la agitación diaria y sabía que lo que estábamos experimentando no podía ser el final.

La increíble generosidad de Todd, el dueño de Chick-fil-A que donó 500 sándwiches para nuestro evento, dejó una impresión indeleble en mí. Siempre que mi esposa y yo llevábamos a nuestros hijos a su restaurante, teníamos la misma sensación. De hecho, cualquier Chick-fil-A al que viajamos con nuestra familia nos dejaba con esa sensación. Cuando el Chick-fil-A del centro comercial Monroeville aún estaba en el patio de comidas de nuestro centro comercial, observé el servicio, la velocidad, las sonrisas y la interacción de cada miembro del equipo con los clientes. El deseo de tener un restaurante Chick-fil-A era una llama ardiente en mi corazón y en mi mente. Era una que simplemente no podía apagar.

Una noche, después de volver a casa del restaurante, compartí este deseo con mi esposa. Ella no quería tener nada que ver con ser dueña de un Chick-fil-A. Para ser justos, ella pensó: "Si es tan difícil dirigir una operación como la nuestra, ¿cómo podríamos dirigir un Chick-fil-A?." Ella creía que seguir este camino significaba multiplicar por cien nuestros retos. Sin embargo, esta no era una evaluación precisa. Los sentimientos de Kelly se debían principalmente al hecho de que asumimos todo independientemente, sin apoyo externo. Bajo el peso constante de nuestras luchas diarias, era fácil ver por qué ella sostenía esta perspectiva.

La semana siguiente, estaba sentado en mi oficina, todavía soñando con la posibilidad de tener un restaurante Chick-fil-A. No podía sacármelo de la cabeza. Tenía un conflicto. Por un lado, mi esposa estaba totalmente en contra de la idea. Por otro lado, me ardía la necesidad de solicitar. En la oficina de mi iglesia, oré y le pregunté al Señor: "¿Qué debo hacer?."

Lo que escuché a continuación fue tan claro como el día en que, cuando tenía poco más de 20 años, Dios me dijo la palabra "pastor" mientras conducía. El Espíritu Santo me habló una vez más. Dijo: "Si no presentas la solicitud ahora mismo, estarás cometiendo el mayor error de tu vida."

¡Estaba completamente atónito! No podía dejar de pensar en Chick-fil-A, pero una parte de mí siempre se había preguntado si estaba siendo egoísta e irrazonable. Después de la guía de Dios, hice exactamente lo que escuché que debía hacer. En esa oficina, me senté frente a mi computadora y presenté la solicitud inicial de intención de ser propietario de una franquicia de Chick-fil-A.

Le conté a mi pastor lo que había hecho. ¡Él estuvo totalmente de acuerdo! Volví a casa y tímidamente confesé mis acciones a mi esposa y a mi suegra (que nos ayudaba a cuidar a nuestros niños un día a la semana). Para mi sorpresa, Kelly aceptó la noticia. Ella dijo: "Si esto es Dios, no tendremos que mudarnos." Estuve de acuerdo. Dios nos abriría una puerta en Pensilvania, tal como lo hizo milagrosamente tantas veces antes. Dos semanas después, recibí la solicitud oficial de Operador.

Era Enero de 2013. Me senté y miré fijamente durante lo que parecieron horas las preguntas de ensayo que tenía ante mí. Pensé mucho y oré sobre lo que compartiría con el equipo de selección de franquiciados de Chick-fil-A. Me llevó casi un mes mientras me esforzaba por encontrar las palabras adecuadas para transmitir lo que había en mi corazón. Hice clic en enviar. Mi viaje en Chick-fil-A recién había comenzado.

La respuesta fue algo como esto. "Gracias por su presentación. Debido a la gran cantidad de postulantes, es posible que no tenga noticias nuestras durante tres meses o más." No mentían. La oportunidad de su vida no era ninguna broma. ¡Descubrí a algunos postulantes que habían pasado cinco años en este proceso de entrevistas! ¡CINCO! No sé si alguna vez ha tenido que pasar por una entrevista durante tanto tiempo, pero si desea algo con suficiente intensidad, hará lo que sea necesario para lograrlo. Todo lo que vale la pena hacer en la vida está del otro lado de lo "difícil."

El Proceso

La evaluación de candidatos de Chick-fil-A es uno de los procesos más extenuantes que se conocen. Una vez me encontré con una estadística que decía que, en términos de probabilidad, conseguir entrar en la CIA, el FBI o Harvard podría ser más fácil de lograr que tener mi propia franquicia de Chick-fil-A. Hice todo lo posible para evitar leer ese tipo de contenido siempre que fuera posible. Sabía lo que se suponía que debía hacer y no dejaría que los hechos me desanimaran.

En el verano de 2013, recibí mi primera entrevista web. Las cosas debieron haber ido bien porque pasé a la siguiente ronda. Aproximadamente tres meses después, recibí la invitación a Peachtree City en Georgia para mi primera entrevista en persona llamada "Top Grade." Había dedicado meses a prepararme para este momento crucial. Elaboré meticulosamente las respuestas para cada pregunta concebible que pudiera pensar o descubrir a través de la investigación sobre este proceso. Sin embargo, no estaba en absoluto preparado para la primera pregunta que escapó de los labios de mi entrevistador.

Había llegado la noche anterior al hermoso resort donde se alojaban todos los candidatos potenciales. A la mañana siguiente, había llegado mi momento. Esperé ansiosamente, portafolio en mano, orando en silencio mientras mi pierna rebotaba furiosamente. Otros candidatos se sentaron conmigo en la sala de espera, todos con la misma mirada de tratar de mantener la calma, pero en realidad, sudando bajo nuestros sacos del traje.

"¿David?" Me llamó mi entrevistadora. Mientras la seguía por las escaleras de caracol hacia la sala de entrevistas, traté de comenzar con una charla informal. No fue grosera ni desestimó mi intento, pero rápidamente fue directo al grano.

"¿Cuál es tu mayor arrepentimiento en la vida?" Esta fue la primera pregunta que me hizo.

Un millón de pensamientos pasaron por mi cabeza. "¿Qué clase de pregunta es esta? ¡¿Estás bromeando?! Estoy arruinado. Se acabó. Chick-fil-A no querrá tener nada que ver yo." Todos estos pensamientos pasaron por mi mente en un instante. Sabía que no podía mentir.

"El mayor arrepentimiento que tengo es cuando estaba consumiendo drogas, y mi padre me entregó a la policía", confesé. Respiré profundamente y esperé su respuesta.

"Entonces, ¿te arrestaron? ¿Recibiste algún cargo?"

"No," le expliqué cómo Dios usó este momento para moldear mi vida y ponerme en un camino para marcar una diferencia para su reino. Compartí cómo Dios me trajo al ministerio de jóvenes, donde podía ayudar a niños como yo a crecer. Compartí mi creencia de que ningún momento es desperdiciado porque Él convierte las cosas rotas en algo extraordinario.

Se sucedieron preguntas difíciles una tras otra. Cada pregunta era una para la que no estaba completamente preparado para responder. Antes de que me diera cuenta, la hora había terminado. Ella dijo: "No se supone que te diga esto, pero estás pasando a la siguiente ronda."

Tras ocho meses y esta primera entrevista personal, me incluyeron en la lista de candidatos "Top Grade." Esto significaba que oficialmente era candidato a operador entre los candidatos calificados. Sin embargo, esto no significaba que el camino hubiera terminado. No me di cuenta entonces, pero apenas estaba empezando el reto.

Que le Digan "No"

David, ¿te gustaría hacer una entrevista para Greensburg, Pensilvania?

No lo podía creer. Habían pasado seis meses desde mi entrevista personal con Chick-fil-A en Georgia. Ya era enero de 2014 y acababa de recibir una llamada de mi selector.

"¡¿Estás bromeando?!", pensé. La tienda a la que se refería estaba a solo 10 minutos de mi casa. "¡Sí, me interesaría!"

No lo podía creer. Estaba eufórico y compartí lo que había ocurrido con mi esposa, mi familia y mis amigos más cercanos. No podía contenerlo. "Ves, Dios sabía que necesitábamos estar aquí", declaré.

La segunda entrevista en persona estaba programada, pero el día antes de que volara de regreso a la oficina corporativa, ocurrió una de las peores tormentas de hielo invernales que jamás hayan azotado Atlanta. Esperaba fervientemente que mi entrevista y mi vuelo no se cancelaran. Debería haberlo pensado mejor y pedirles que lo reprogramaran. En cambio, mantuve mis planes e hice el viaje.

Después de llegar, estaba en el hotel esperando el autobús. Tenía previsto almorzar en el Centro de apoyo de Chick-fil-A (conocido como "Home Office" o

"B52" por los conocedores) y reunirme con mi siguiente ronda de entrevistadores. Ese día, tuve el placer de conocer a algunos candidatos excepcionales. Nos hicimos amigos durante el almuerzo, intercambiamos historias y nos animamos mutuamente. Sorprendentemente, incluso nueve años después, todavía mantengo una amistad con uno de los otros candidatos que conocí ese día.

Estábamos esperando fuera de las oficinas del departamento de selección de franquiciados. Vi un folleto (ubicado apropiadamente) que nos advertía de nuestras escasas posibilidades de superar este proceso en la mesa de café. "Ahí está otra vez," pensé. Mientras algunos candidatos lo hojeaban, yo deliberadamente evité leerlo para protegerme de un posible desánimo.

"David Grimm." Esta vez, mi nombre sonó casi siniestro cuando lo mencionaron. Debería haberlo esperado después de leer el correo electrónico que me invitaba a la conversación. Comenzaba con: "Esta entrevista será diferente a las entrevistas que ha tenido hasta ahora," y procedía a advertir sutilmente cómo sería este encuentro.

No estaba preparado en absoluto. La entrevista se sintió intensa, sin espacio para respirar entre preguntas. No fue la típica conversación; sentí que la presión aumentaba con cada pregunta como si me estuvieran poniendo a prueba más allá de mis calificaciones. Las preguntas rápidas me dejaron buscando respuestas, haciendo que toda la experiencia se sintiera más como un examen intenso que una entrevista tradicional. Fue abrumador y sabía que esto no iba como esperaba.

En un momento durante la entrevista, sentí que se me ponía rígida la espalda. Apenas había terminado de responder la última pregunta, y ya estaban planteando una nueva pregunta igualmente desafiante para que reflexionara. Los interrumpí. "Detente," dije. "Si quieres que responda a estas preguntas, déjame responder." Algo se apoderó de mí en ese momento. Había viajado demasiado lejos para que me trataran de esa manera. No dejaría que estos tipos me desconcertaran y me hicieran olvidar lo que sabía que era verdad. Yo pertenecía a esa habitación. Tenía mi plan de negocios en la mano y no me inmute. Ellos no estaban dispuestos a ver mi plan, pero yo estaba decidido a salir de esa habitación solo cuando me conocieran y supieran mi deseo de hacer negocios con esta empresa. Estaba resuelto, aunque la presión seguía aumentando.

Pronto, la hora se acabó. Se pusieron de pie para estrecharme la mano. Intercambiamos cumplidos y su actitud cambió por completo con respecto a la de los "interrogadores" que habían estado presentes apenas unos segundos antes.

"¿Qué estaba pasando aquí?" La pregunta permaneció en mi cabeza durante el resto de ese día.

Me reuní con mi selector original desde el comienzo de este viaje después para informarme. Estaba empapado hasta el fondo y la batalla mental me atrapó. Comencé a cuestionar todo lo que acababa de suceder.

Mientras esperaba mi vuelo en el aeropuerto, le conté a mi esposa y a otros confidentes lo que había sucedido. "Eso no salió bien," les dije.

Al día siguiente, estaba de regreso en Madres Mexicanas. Esta decisión ahora estaba en manos de Dios. Hice todo lo que sabía hacer.

Parecía una eternidad dos semanas después, pero finalmente llegó la llamada. "David, no te estamos dando la oportunidad."

Sentí que el tiempo se había congelado. Pensé que este era el lugar correcto. Si íbamos a conseguir una franquicia de Chick-fil-A, ¡seguramente se suponía que debía estar cerca de nuestra casa! Dijimos esto una y otra vez desde que presenté la solicitud. Ya había terminado. Me dijeron: "No", o eso pensé. El selector del otro lado del teléfono continuó. "Sin embargo, seguirás en la lista de candidatos. Pronto recibirás un correo electrónico con los próximos pasos."

Estaba confundido, ¡pero aún así estaba dentro! Internamente, el diálogo comenzó: "¿Y ahora qué? ¿Cómo sucedió esto? ¡Esta fue la peor entrevista de mi vida!"

Más tarde me enteraría de que se trataba de una prueba. ¿Qué saldría de mi carácter cuando la presión aumentará? Curiosamente, esta situación palideció en comparación con las pruebas de la vida real que soportamos hasta este punto. Mi carácter ya había sido puesto a prueba cien veces más que esto.

Me di cuenta de que tal vez Pensilvania no estaría en nuestro futuro. ¿Cómo podía dejar a mi padre después de todo lo que había pasado? ¿Cómo podía dejar mi iglesia, donde habíamos invertido tanto de nuestras vidas en la comunidad y donde crecimos espiritualmente? ¿Cómo podríamos dejar a amigos y familiares y alejar a nuestros hijos de sus abuelos?

Mi pastor me había desafiado a estar abierto a cualquier lugar al que Dios me llevara. Dijo: "David, a lo largo de las Escrituras, Dios llamó a muchos a dejar sus países de origen hacia lugares desconocidos. Llamó a Abraham a dejar su hogar en Ur. Llamó a los israelitas a salir de Egipto. Él puede estar llamándote a ti también a otro lugar. Si quieres estar donde se supone que debes estar, debes estar dispuesto a ir a donde Él te guíe."

Mi pastor tenía razón.

Una Experiencia con Chick-fil-A

Poco después de esta dura experiencia, mi enlace con el departamento de selección me llamó y me dijo: "David, sé que has expresado interés en la Costa Este. ¿Considerarías alguna vez el Medio Oeste?"

Finalmente estaba listo para considerar la posibilidad. Dije: "Sí, iré a donde sea." No dejaría que el miedo a lo desconocido nos robara a mí y a mi familia esta oportunidad. Cuando mi esposa escuchó la noticia, no se mostró tan receptiva. Para ser justos, todo nuestro sistema de apoyo todavía estaba en Pensilvania. Nuestras vidas eran una locura, pero teníamos una rutina. Nuestro horario estaba perfectamente ajustado. ¿Cómo podríamos interrumpir algo tan bueno?

Todo cambió una noche después de que asistimos al servicio de iglesia. Necesitábamos la ayuda, la sabiduría y la dirección de Dios. Después de esa noche, el corazón de Kelly estaba listo. No puedo decir que estuviera feliz con las posibilidades, pero ahora estaba dispuesta a considerarlas.

Meses después, recibí una llamada de uno de los principales selectores del Medio Oeste. "David, voy a estar en tu zona y me encantaría si pudiéramos conectarnos en persona. Escuché que estás interesado en el Medio Oeste."

Dije enfáticamente: "¡Sí!"

En la entrevista, me desafiaron a que me contrataran en un Chick-fil-A local para aprender los trucos y ver en qué me estaba metiendo. Pensé: "Claro, ¿por qué no?" Quiero decir, tenía todo el tiempo del mundo. Yo administraba mi restaurante, ayudaba a supervisar otros dos restaurantes mexicanos Madres unos días a la semana para nuestros amigos que iniciaron el concepto, servía en la iglesia, predicaba semanalmente y tomaba clases en línea hasta altas horas de la noche tratando de terminar mi título de negocios (ya que pensé que esto solo podría ayudar a mis posibilidades con Chick-fil- A, especialmente si era algo que pudieran requerir). Mi esposa trabajaba en otro trabajo de tiempo completo mientras también hacía nuestra contabilidad, nómina y programación y trabajaba semanalmente en el restaurante. Ah, ¿y mencioné que teníamos cuatro niños menores de cuatro años, tres de los cuales todavía usaban pañales?

Esto posiblemente podría explicar por qué tenía todos esos dolores punzantes en el pecho, pero dije: "¡Vamos!" Aprendí que se puede hacer cualquier cosa por un tiempo. Puede que no hubiera sido sostenible, pero había un objetivo final. Esto no sería permanente.

Después de una reunión inicial para presentarle la idea a Todd, el dueño del Chick-fil-A local, él generosamente dijo: "Hagámoslo. Esto será mutuamente beneficioso. Tú puedes ayudarme y yo puedo ayudarte."

Reorganizamos nuestra rutina para adaptarnos al nuevo plan. Trabajaría para Todd durante la semana, aprendiendo todo lo que pudiera sobre Chick-fil-A. Trabajaría a tiempo parcial en nuestro restaurante y le daría más horas y responsabilidades a nuestra gerente (que resultó ser la difunta tía de mi esposa, Linda, la gerente más increíble que hemos tenido). Dejaría de supervisar a todas las demás Madres y dejaría de predicar semanalmente en la iglesia. Solo lo reemplazaría ocasionalmente. ¡Estaba totalmente comprometido! Tanto así que después de un par de meses de trabajar con Todd, administré su tienda Chick-fil-A en Westmoreland Mall en Greensburg. Ya tenía la experiencia de administrar mi propio restaurante en un centro comercial, lo que me dio una base sólida para administrar su Chick-fil-A.

Un Nuevo Capítulo

Durante 2014 y 2015, recibí un curso intensivo sobre cómo administrar un Chick-fil-A. ¡Agradezco a Todd por tener la visión de permitirme experimentar con su tienda y su equipo! Aprendí mucho gracias a su generosidad, paciencia y disposición.

Esta fue la decisión correcta para todas las partes. Permitió que el equipo de franquicia de Chick-fil-A viera que tenía la capacidad, el carácter, la competencia y la química para ser parte de este prestigioso negocio. Puede satisfacer una necesidad de Todd. Traté su restaurante como si fuera el mío. A pesar de mi experiencia, aprender todos los sistemas y estándares de Chick-fil-A fue toda una curva de aprendizaje. Dirigir dos diseños diferentes de conceptos de restaurante fue un desafío, pero valió la pena.

Más tarde ese año, los dos selectores principales del Medio Oeste visitaron nuestro restaurante mexicano, examinaron nuestras recetas, evaluaron nuestros sistemas, vieron a los "Burrito Builders" en acción y probaron toda nuestra comida. Trataron mi tienda como una visita a Chick-fil-A. Me alegré de que estuvieran allí.

Todas las duras lecciones hasta ese momento y la "experiencia de vida de MBA" al dirigir nuestro propio negocio hicieron que todo lo que sacrificamos valiera la pena. Después de que terminaron de revisar todo, me preguntaron: "David, ¿a dónde te gustaría ir?" Lo pensé por un momento.

"¿Me estás preguntando a dónde me gustaría ir?"

"Donde sea," respondieron. "Sé que es un poco difícil, pero donde tú elijas."

Imaginé todas las playas y los climas cálidos de Estados Unidos. Pensé en Hilton Head Island, nuestro lugar favorito del planeta. Al final, decidí dejarles elegir porque tenían el conocimiento y la experiencia.

Dije con toda seriedad: "Confío en que usted sabe dónde encajaría mejor. Estoy dispuesto a ir a cualquier parte." Kelly y yo estábamos listos para un nuevo capítulo. Esta temporada de pruebas y tribulaciones se convirtió en un campo de preparación para estar dispuestos. Aprendimos a confiar en Dios en todas las circunstancias. Esta no sería diferente.

Durante los siguientes seis meses, se me presentaron trece ubicaciones en todos los estados del Medio Oeste. Ninguna era una buena opción; al final, se eligió a otra persona para cada ubicación de franquicia.

Me estaba desanimando, pensando que esto tal vez nunca sucediera. Entonces, un día, después de meses de espera, recibí una llamada de mi selectora me preguntó: "¿Qué piensas de West Des Moines, Iowa?"

"No tengo idea de qué pienso de West Des Moines, Iowa. Ni siquiera sé dónde está eso en el mapa, y nunca he oído hablar de él," respondí.

Ella dijo: "Quiero que tú y Kelly hagan un viaje allí la semana que viene y nos digan qué piensan. Vean si este es un lugar donde usted y su esposa podrían criar a su familia."

¡Vaya, esto se estaba volviendo serio de repente! Esa noche, reservamos nuestros vuelos para la semana siguiente y organizamos que la madre de Kelly se quedará con los niños. Buscamos en Google cosas para hacer en West Des Moines.

Llegamos a nuestra escala en Chicago. Nos dirigimos a la terminal para nuestro vuelo de conexión. "Cancelado." La aerolínea sólo pudo conseguir un vuelo de conexión al día siguiente. No teníamos tiempo que perder ya que solo teníamos tres días para aprender sobre esta ciudad. Después de muchas negociaciones, la aerolínea finalmente aceptó pagar el alquiler de un automóvil para que pudiéramos llegar a nuestro destino.

Era marzo de 2015. Condujimos seis horas hacia el oeste hasta nuestra ciudad de destino, pero después de sólo unos pocos minutos empezamos a cuestionar nuestra decisión. Durante todo el viaje, condujimos por lo que parecía un páramo estéril de la nada. Hacía frío y todo estaba muerto. No vimos nada, salvo alguna granja y algún que otro silo.

Después de unas horas, mi esposa empezó a sentir un ataque de pánico mientras imaginaba que tendría que conducir durante horas para llegar a la civilización para tomar un café en Starbucks. No lo dije en voz alta, pero también me sentí nervioso. "¿Qué estamos haciendo?," pensé.

"Si aquí es donde quieren que vayamos, no creo que pueda hacerlo," dijo Kelly. No estaba en desacuerdo, pero me aferré a la esperanza hasta que llegamos a nuestro destino.

Finalmente, llegamos a West Des Moines. Empezaron a surgir señales de vida en el paisaje de la carretera. ¡Había un oasis en medio de este desierto proverbial! ¡Podríamos sobrevivir! ¡Podíamos tomar una buena taza de café! Puede que pienses que somos dramáticos, pero al menos teníamos nuestras prioridades claras.

Salimos de Jordan Creek Parkway y cargamos nuestro equipaje en el hotel. Nos recibieron con genuina hospitalidad. Nos dirigieron a la sala de espera, donde, si queríamos algo, solo teníamos que escribir el número de nuestra habitación en un papel y depositarlo en una caja registradora para que nos lo cobraran. Kelly y yo nos preguntamos: "¿Qué clase de lugar es este?"

De dónde éramos, estas cosas estarían tras las rejas bajo llave. ¡De lo contrario, todo se habría ido! Me sentí como si estuviera en la película "Las esposas de Stepford." Este tipo de hospitalidad del Medio Oeste no podía ser real. Me sentí desconcertado, pero en el buen sentido. Tuvimos la misma experiencia en toda la ciudad durante los dos días siguientes. Cuando partimos para regresar a Pensilvania, ya habíamos tomado una decisión. Si esto era lo que Dios había planeado para nosotros, West Des Moines era el lugar donde queríamos estar.

La Cuenta Final

Después de dos años y medio y al menos 13 entrevistas (al final perdí la cuenta), además de años de preparación en la vida real, perseverancia a través de las pruebas y, literalmente, sangre, sudor y lágrimas, nos llamaron para la entrevista final. Incluso entrevistaron a ocho de mis referencias personales y profesionales para asegurarse de que sabían quiénes éramos antes de decidir si querían estar en el negocio con nosotros. Cada una de nuestras referencias con las que hablé después dijo que estaban sudando y se sentían como si fueran el candidato en el proceso cuando terminaron.Fue divertido escucharlo, pero no era una broma. Este proceso fue intenso.

Chick-fil-A nos llevaría a Kelly y a mí al "Centro de soporte" de Atlanta por última vez. Fue una semana antes de este momento crítico. La única advertencia era que tendríamos que liberarnos de nuestro restaurante mexicano para que yo me convirtiera en operador de Chick-fil-A. No podíamos poseer franquicias de la competencia y no podíamos gestionar otro negocio desde otro estado al otro lado del país.

Seis meses antes de esto, había estado en conversaciones con un empresario interesado en comprar nuestro negocio. Yo sabía que si Chick-fil-A nos tomaba en serio, tendríamos que vender. Tres veces durante las negociaciones, teníamos que estar en la oficina del abogado para firmar los papeles de la transferencia de propiedad. Él se echó atrás en el trato las tres veces, dejándonos a Kelly y a mí angustiados y enojados por la presión emocional. Le dije: "No vuelvas a verme nunca más." Lo hablaba en serio. No me dejaría seguir tomándome por tonto.

Kelly y yo no teníamos idea de lo que haríamos. Ambos sentíamos que era la decisión correcta, pero no teníamos idea de cómo vender este lugar a tiempo.

Teníamos una semana antes de que se suponía que debíamos volar a Atlanta. Yo estaba trabajando junto a una de las gerentes de Todd 's Chick-fil-A. Ella había escuchado nuestra historia y estaba intrigada por la venta de Madres Mexicanas. En ese momento, habíamos bajado el precio de venta a una "oferta única en la vida."

Ni siquiera se podía comprar un refrigerador decente por el precio al que lo redujimos. Ella estaba interesada y Todd estaba de acuerdo.

El día antes de nuestro vuelo a nuestra entrevista final, recibimos un cheque y firmamos los papeles para la transferencia de propiedad. No siempre entiendo por qué, pero siempre parecíamos estar en esos momentos en los que nuestra fe se ponía a prueba y nuestra determinación de confiar en Dios para una respuesta se demostraba. Se había cruzado el último obstáculo y corrimos hacia la línea de meta.

Pre Examen

Aterrizamos en Atlanta, Georgia. Kelly pudo presenciar lo que yo había experimentado muchas veces antes. La espera, la anticipación, la preparación, la oración ferviente, la revisión de notas y el viaje en autobús desde el hotel hasta el Centro de soporte de Chick-fil-A no se hicieron más fáciles, ni siquiera con la repetición.

Tuvimos una gran conversación con nuestro conductor y aprendimos todo sobre su vida y amistad con Truett Cathy, el fundador. Si alguien conoce a mi esposa, sabe que puede convertirse en la mejor amiga de cualquier persona que conozca por primera vez. Ella ES el alma de la fiesta y te agradará de inmediato. Tiene un don.

Después de que llegamos, nos acompañaron para reunirnos con algunas personas durante todo el día para hacernos preguntas preliminares antes de nuestra entrevista final. Algunas de estas preguntas fueron muy intensas y personales. Por último, nos preguntaron si habíamos vendido nuestro negocio y por cuánto. Pudimos responder con valentía: "¡Sí! Lo vendimos por la cantidad exacta equivalente a la tarifa de franquicia de Chick-fil-A."

En el escritorio de esta selectora, con la que me había sentado muchas veces antes, recordé las palabras que me había dicho un año antes. "David, te ves terrible en el papel, pero cuando te conozcamos en persona, veremos a otra Truett Cathy. Eso es lo que estamos tratando de replicar en nuestros candidatos." Este es uno de los mayores elogios que podría recibir. Era un hombre increíble y desearía que todos pudiéramos vivir a su nivel.

Finalmente nos dieron el visto bueno para proceder a la entrevista final en el piso de arriba.

Entrevista Final

Todas nuestras experiencias de vida y todo lo que habíamos soportado y aprendido culminaron en esta conversación final. Allí estábamos, compartiendo todo con este hombre. Le hizo a mi esposa tantas preguntas como me hizo a mí durante la mitad de la entrevista, y ella las manejó como una campeona. Sus respuestas demostraron que estaba lista para esto. Después de todo, estábamos juntos en esto. Él tenía que saber que mi esposa no estaba "loca" y quería ser parte de este sueño.

Tenía que estar seguro de que ella estaba de acuerdo. Cuando estábamos sentados uno frente al otro en esa pequeña mesa redonda en su oficina, y después de que él quisiera saber la historia de mi vida desde mi nacimiento hasta este momento, y de todas las historias que contamos, me hizo una pregunta complementaria. La había escuchado antes durante este proceso, y ahora me preguntó de nuevo:

"¿Cuál es tu mayor arrepentimiento?"

Sabía que no podía responder como lo había hecho años antes cuando me hicieron esa pregunta en mi primera entrevista en persona. Ya no era un arrepentimiento. Fue un momento decisivo de cambio para bien en mi vida. Fue un momento crucial.

Respondí: "Lamento no haber terminado mi carrera." Siempre me había sentido inferior por no haber terminado mi educación universitaria. Dios sabe que no fue por falta de esfuerzo. Trabajé duro para terminarla en línea por la noche, pero nunca lo logré.

Me miró y me desarmó por completo con su respuesta. "¿Y qué?"

"¿Disculpa? Um, no sé," respondí vacilando.

"¿Y qué? No creo que Truett Cathy haya terminado la escuela primaria. Mark Zuckerberg nunca terminó. Bill Gates nunca terminó la universidad. ¡Todos esos tipos eran multimillonarios!"

De repente, me sentí elevado y seguro de que estaba en buena compañía. No me malinterpreten, mi entrevistador, Chick-fil-A y la familia Cathy valoran la educación. Truett dedicó muchos recursos a brindarles a los jóvenes la oportunidad de continuar con su educación. En ese momento, me dijo que sí recibí una educación. Puede que no sea 100% igual a la de los candidatos anteriores en mi puesto, pero tuve una educación de la vida real. No descartó mi vida porque no viniera con un título.

Con el brazo extendido, estrechó mi mano y la de Kelly. "Bienvenidos a la familia Chick-fil-A. La oportunidad es tuya si la quieres. ¡Felicitaciones!"

"¡Sí!" No lo dudamos ni un segundo. ¡Claro que sí!

Las festividades de celebración comenzaron rápidamente. Pudimos hacer sonar el famoso "cencerro" y, cuando sonó, todos los que escucharon vinieron de sus oficinas para felicitarnos, tomar fotos y representar muchas más tradiciones. Para asegurarme de que siguiera siendo humilde, mi esposa todavía les dirá hasta el día de hoy que ella selló el trato para nosotros en la entrevista. ¡Gracias de nuevo, Kelly!

Capítulo Once:
Sólo el Comienzo

¡Lo logramos! En abril de 2015, me eligieron como propietario y operador de la franquicia Chick-fil-A University Ave en West Des Moines, Iowa. Finalmente pudimos respirar aliviados. Una batalla muy dura finalmente había terminado, pero ese momento de consuelo solo se celebraría por un corto tiempo. Afortunadamente, fue lo suficientemente largo para prepararnos para la siguiente lucha que nos esperaba.

Tendemos a olvidar que la vida es un viaje, no solo la búsqueda de un destino. A menudo solo queremos apresurarnos a través de las experiencias cuando son desagradables o incómodas. Lo he dicho antes: cualquier cosa que vale la pena tener nunca es fácil. No huyas de las dificultades si estás destinado a atravesarlas. Nuestro carácter se fortalece aquí, y se forjan la determinación, la perseverancia y la disciplina. Se utilizan para ayudarnos a alcanzar nuevas alturas de influencia, oportunidad y fe si las abordamos con cuidado y aprendizaje. ¡El viaje y todo lo que se gana en el proceso es la mayor recompensa!

Todos estamos aquí en esta vida presente con un propósito. Yo creí saber cuál era el mío. Luego me mudé a Iowa. Una cita de mi libro, *La Búsqueda Interminable*, dice: "Tú y yo nunca terminaremos el viaje hasta convertirnos en la mejor versión de nosotros mismos. Aunque esto pueda sonar desalentador, en realidad es algo bueno. El objetivo no es llegar a un lugar. En cambio, nuestro objetivo debe ser el crecimiento y la transformación continua cada día." Había estado tan concentrado en la meta y en perseguir este sueño que me perdí lo que Dios estaba tratando de enseñarme e inculcarme a lo largo del camino.

En Mayo de 2015, mi amigo Dan y yo empacamos un pequeño U-Haul y nos fuimos al Medio Oeste. Me mudé a un departamento de dos habitaciones para ponerme en marcha y observar el paisaje. Estábamos programados para abrir nuestro restaurante en agosto. Después de semanas de preparación y capacitación en Atlanta, finalmente llegó mi turno. Estaba tan emocionado que no miré hacia atrás para reflexionar sobre de dónde había venido. Había aprendido mucho, pero lo había descartado como un medio para un fin. Este fue el error número uno.

Nunca se suponía que olvidaría todas las dificultades, pruebas y sacrificios que habían ocurrido en los años anteriores. Fueron lo que nos llevó a este momento. Rápidamente recordé que no debía olvidar las lecciones y verdades inscritas en mi corazón y mente.

Estaba solo. No tenía idea de cómo estar solo nunca más. Kelly y yo necesitábamos más dinero para trasladar a toda la familia a Iowa. Este plan solo se llevaría a cabo una vez que comenzara a ganar un ingreso cuando el nuevo restaurante abriera. Estaba viviendo como un soltero nuevamente. Algunos podrían pensar que esto suena a libertad, pero para mí se sentía como una prisión personal. Era padre y esposo, y no poder cumplir con estos roles me estaba matando por dentro. Habría estado bien por un tiempo, pero la inauguración se retrasó dos veces debido a una lluvia más alta que el promedio ese verano, lo que retrasó los plazos de construcción.

Finalmente, llegó el 7 de Octubre de 2015. ¡Por fin había llegado nuestro gran día de inauguración! También era el aniversario de bodas de mis padres, lo que interpreté como una señal. Era casi como si mi madre estuviera allí celebrando con nosotros. Creí que, aunque nos habían pospuesto más de lo que queríamos, el tiempo de Dios era perfecto.

Habíamos estado sobreviviendo con el ingreso de mi esposa durante meses, pero el alivio financiero estaba en el horizonte. Nuestros amigos de Pensilvania, mi familia y la comunidad vinieron a apoyarnos. Celebramos y nos divertimos mucho, pero las festividades se interrumpieron cuando recibimos una llamada en medio de la alegría de que mi hijo se había roto el brazo en el patio de juegos y ahora estaba en la sala de emergencias con la abuela.

Honestamente, no nos inmutamos. Esto era simplemente normal en este momento de nuestras vidas. Estábamos acostumbrados a circunstancias locas y nos reíamos porque esas eran las clases de interrupciones de la vida a las que estábamos acostumbrados. No sería nuestra gran inauguración si no hubiera sucedido algo así.

Después de un torbellino que duró una semana, mi familia viajó al este y yo estaba solo de nuevo. No había problema. Solo estaría en el apartamento cada día por un rato porque pasaba la mayor parte del tiempo en el restaurante mientras estábamos construyendo nuestro equipo y nuestros sistemas. Habría poco tiempo para pasar con la familia. Tal vez fuera mejor así.

Un mes antes, sin sueldo. Dos meses antes, sin sueldo. Tres meses antes, sin sueldo. Sé lo que puedes pensar: los nuevos negocios tienden a ser así. Hay muchas inversiones iniciales para poner las cosas en marcha. Créeme, después de tres años y medio de cómo dirigía un restaurante poco conocido y había pasado por muchos períodos en los que no podíamos pagarnos debido a circunstancias extrañas, lo sabía muy bien.

Sin embargo, estaba empezando a preocuparme por esto. Estaba embarcándome en el sueño de mi vida y me sentía como si estuviera de nuevo en el punto de partida. Desde Mayo anterior, todavía no había cobrado un cheque de pago. Ahora era Diciembre. Estaba a punto de mudarme con mi esposa e hijos al otro lado del país el 1 de Enero de 2016. El salario de Kelly era nuestro único ingreso y estábamos a punto de renunciar a eso.

Uno pensaría que después de todas las otras crisis financieras por las que Dios nos ayudó, diríamos: "Dios tiene esto. Él lo superará." Podría decirlo en Octubre y Noviembre, pero cuando llegó Diciembre, comencé a entrar en pánico. Llegar al destino de la gran inauguración no fue la meta final que pensé que podría ser. "¿Dejar a mi familia atrás por más tiempo?," me pregunté. Eso estaba fuera de discusión, ya que habíamos alquilado una casa lo suficientemente grande para los seis como preparación para la mudanza en Enero. "Dios, ¿qué hago?"

Busqué sabiduría y consejo, y oré y oré un poco más. No habíamos vendido nuestra casa en Pensilvania, ya que mi familia todavía necesitaba un lugar donde vivir. Era el cuarto trimestre y la cuota de los impuestos a la propiedad vencía como siempre, excepto que no teníamos el dinero para pagarlos. Estábamos atrasados.

Doy gracias a Dios por haber encontrado la iglesia correcta cuando llegué a la ciudad en Mayo. Estábamos tan arraigados en Harvest Church (iglesia), trabajando junto al pastor Shawn y sirviendo con mis amigos y familiares de la iglesia, que no podía imaginarme empezar de nuevo. Kelly y yo oramos para no perder el tiempo cambiando de iglesia y para que Dios nos guiará a la iglesia correcta. Él respondió guiándonos a la Asamblea de Dios Nueva Esperanza en Urbandale (New Hope Assembly of God in Urbandale). Los pastores y los miembros de la iglesia me recibieron con los brazos abiertos. Me sentí como en casa.

Afortunadamente, Chick-fil-A está cerrado los Domingos, lo que me permitió seguir asistiendo a la iglesia en medio de esta vida casi de soltero. Me pareció refrescante y renovador. Un domingo, fui al frente para orar porque sabía que si algo no sucedía pronto, mi familia y yo estaríamos en problemas. Necesitábamos respuestas.

No le dije a nadie, pero mi nuevo pastor principal, James Weaver, sabía que algo estaba pasando. Creo que Dios lo guió a buscarme. Vino al restaurante un día y pidió reunirse con nosotros siempre y cuando aceptara darle de comer algunas tiras de pollo Chick-fil-A. ¡Por supuesto, acepté!

Nos sentamos y él no perdió el tiempo. "¿Está todo bien? ¿Estás ganando dinero?"

Tenía la cabeza gacha. Por mucho que lo intentara, no podía ganar suficiente dinero para mantener a mi familia en mi negocio actual. Estaba trabajando muy duro, pero estaba sucediendo de nuevo. Me habían concedido la franquicia número uno, pero no podía hacer que funcionara. La duda y la desesperación llenaban mis pensamientos. "No tengo derecho a ser un hombre de negocios. Soy un fracaso." Estos pensamientos se repetían una y otra vez.

El pastor Weaver intervino en el momento justo. Oró conmigo, me animó y me dijo que creía que Dios me había traído aquí por una razón y un propósito. Este movimiento no fue un error. Me animó a perseverar y no rendirme. Sabía que tenía razón. Necesitaba escucharlo. No estaba escuchando a través del ruido del miedo. Este hombre piadoso me recordó que debo confiar en Dios cuando no puedo ver Su mano.

Finalmente obtuve mi primera pequeña ganancia. Fue suficiente para pagar nuestros impuestos adeudados en Pensilvania. Sin embargo, no iba a ser tan sencillo. Tan pronto como hice el cheque para mí, escuché claramente a Dios hablar a mi corazón: "Da todo el cheque."

"¡¿Qué?! ¡Pero Dios, necesito este cheque! ¿Cómo se supone que haga eso?!"

Estaba enojado. Siempre había dado libremente mi diezmo y mis ofrendas a la obra de Dios. Fui obediente a las Escrituras en mi donación financiera. Esta fue la primera vez en mi vida que estaba enojado con Dios por lo que Él me pidió que diera. Había habido momentos antes en los que mis finanzas eran escasas y me vi desafiado a dar más y lo hice de mala gana. Nunca me había enojado por eso. Pensé: "¡¿Cómo puede Dios pedir algo así?!"

Después de mi autocompasión y mi lucha interna, me tranquilicé. Le conté a mi esposa lo que Dios me había dicho. Ella dijo: "Bueno, más vale que lo hagas." Si algo había aprendido en la vida hasta ese momento,

Dios me lo daría. Di el dinero, aunque a regañadientes. Y, aun así, estaba un poco molesto.

Más tarde esa semana, el pastor Weaver y nuestro co-pastor principal, Jeff Hill, entraron a mi restaurante. Vinieron a almorzar, pero luego me llevaron a un lado. Me entregaron un cheque y dijeron que Dios les habló al corazón para que me lo dieran. ¡Era la cantidad exacta que acababa de dar de mi primer cheque de ganancias! Empecé a reír. "Dios, ¡¿por qué dudo alguna vez de Ti?!"

Recordatorios

Dios estaba solidificando algunas verdades eternas en lo profundo de mi alma. Había alcanzado ese pináculo percibido en mi vida. Era una meta en la que había estado tan intensamente enfocado por tanto tiempo, y finalmente lo había logrado. Cuando esto sucedió, bajé la guardia. Pensé que había llegado y que todos mis problemas habían quedado atrás. Mudarse a una nueva zona, lejos, donde nadie te conoce, tiene una manera de crear esta percepción.

Primero, aprendí humildad. No he llegado, y sé que nunca lo haré. Dios me había permitido esta oportunidad, y no era algo por lo que pudiera atribuirme el mérito. Si no tenemos cuidado, podemos pensar que nuestros logros se deben a nuestra destreza mental y pura fuerza de voluntad. No somos tan grandes como creemos que somos. Recordar de dónde provienen estas bendiciones sería lo mejor para nosotros.

A menudo leemos sobre la humildad en la Biblia. Proverbios 3:34 (NTV) dice: "El Señor se burla de los burlones, pero muestra su bondad a los humildes." En el libro 1 Pedro del Nuevo Testamento, el apóstol

Pedro escribe: "Así que humíllense ante el gran poder de Dios y, a su debido tiempo, él los levantará con honor." 1 Pedro 5:6 (NTV) Estos pasajes me recuerdan la importancia de dar crédito y alabar a Dios por todas las cosas buenas en mi vida.

La segunda lección que aprendí fue que este negocio no es mi fuente de provisión. Solo Dios es mi Proveedor. Él me ha dado esta oportunidad y la capacidad de manejar este negocio para el bienestar de mi familia. Él está proveyendo para mí como Pablo prometió en Filipenses 4:19 (NTV) cuando escribió: "Y este mismo Dios quien me cuida suplirá todo lo que necesiten, de las gloriosas riquezas que nos ha dado por medio de Cristo Jesús."

Esto me lleva al último descubrimiento de la verdad, que es que no todo se trata de mí. No se trata de ninguno de nosotros. Somos bendecidos para que también podamos ser una bendición para aquellos que nos rodean. Dios nos da la capacidad de dar. No estamos sujetos a que acaparemos todo lo que se nos ha confiado. Ya he citado Santiago 1 muchas veces, y volveré a él para este recordatorio fundamental: "y los que son ricos deberían estar orgullosos de que Dios los ha humillado. Se marchitarán como una pequeña flor de campo." Santiago 1:10 (NTV)

Otro pasaje que me viene a la mente es el Sermón del Monte de Jesús. Durante este discurso, Jesús dice: "'No almacenes tesoros aquí en la tierra, donde las polillas se los comen y el óxido los destruye, y donde los ladrones entran y roban. Almacena tus tesoros en el cielo, donde las polillas y el óxido no pueden destruir, y los ladrones no entran a robar. Donde esté tu tesoro, allí estarán también los deseos de tu corazón.'" Mateo 6:19-21 (NTV)

Por un momento, perdí la memoria y tuve un lapso cardíaco. Olvidé quién era y por qué estaba aquí. Sin embargo, las cosas cambiaron para nosotros muy rápidamente. Rápidamente nos convertimos en el Chick-fil-A con mayores ingresos en todo el estado de Iowa. Recordé de dónde provenía mi provisión, y eso reforzó la idea de que no había logrado esto solo.

Estábamos haciendo crecer nuestro negocio, formando un equipo confiable y aprendiendo a mejorar día a día, pero algo todavía no cuadraba. No podía identificar exactamente qué era. Era como si hubiera abandonado mi propósito. Sabía que Dios me estaba llamando me animó a perseguir este sueño, pero aún persistía un sentimiento de vacío. Estaba poniendo todo mi corazón en esta nueva aventura y sentí que algo me detenía. Como muchas veces antes, oré y le pedí a Dios Su guía para entender lo que estaba sintiendo.

Como siempre parece suceder, la respuesta vino de una fuente inesperada.

Ohmein

Uno de los beneficios de trabajar con la familia Chick-fil-A es que continuamente se nos brindan herramientas, recursos y oportunidades de crecimiento. Constantemente se nos desafía a ser pioneros y nunca dejar de soñar con lo que viene después. Es como vivir en una realidad alternativa sin obstáculos. La mentalidad tiende a ser: "Si puedes soñarlo, puedes lograrlo." A veces, te exige y te duele, pero los beneficios del crecimiento son exponenciales. Por ejemplo, se nos desafía a tener planes de desarrollo personal. El mío incluye leer libros para desarrollar continuamente sabiduría y conocimiento.

Uno de los libros que agregué a mi biblioteca fue escrito por el rabino Daniel Lapin. Leí sobre él en el libro "EntreLeadership" y descubrí que escribió "Thou Shalt Prosper." Surgieron numerosas ideas valiosas con respecto a la relación simbiótica entre la fe y los negocios.

Mientras leía, leí algo que me dejó detenido.

Lapin escribe que la palabra para "hombre de negocios" en Hebreo es "Ohmein." En Español, se traduce literalmente como "hombre de fe."

¡Eso era todo! ¡Eso era lo que me faltaba! Sentí que había abandonado mi llamado a ser pastor. Las palabras de Lapin me han afectado (en el buen sentido) desde entonces. En ese momento, me di cuenta de que nunca dejé de ser pastor. Mi "iglesia" y mi "congregación" simplemente se ven diferentes. Estoy haciendo las mismas cosas que hacía en Harvest Church en Pensilvania, pero en lugar de estar dentro de las cuatro paredes tradicionales, ahora estoy en el mercado.

¡Podemos dirigir este negocio y amar a la gente! Como hombre de negocios, estoy llamado a ser un hombre de fe todos los días. No he abandonado el ministerio, solo el ministerio vocacional tradicional. Todo lo que el Señor nos hizo pasar y nos enseñó todos estos años fue para este propósito. Se supone que debemos vender buen pollo y ministrar a la gente en el proceso.

Al momento de escribir esto, hemos visto milagros en las vidas de los miembros de nuestro equipo, como la sanación física de un aneurismo, dolor en las articulaciones, quistes, cáncer y muchos más. Hemos sido testigos de muchas provisiones sobrenaturales que eran financieras y materiales. Lo mejor de todo es que más de 130 de los miembros de nuestro equipo han puesto su confianza en Jesús como Señor y Salvador durante los últimos tres años. ¡Se llama evangelismo del pollo frito!

El propósito de Dios para mi vida es amar y cuidar a las personas como Él lo hace, sin importar dónde esté. Nuestro propósito se alinea con el significado mismo de la palabra restaurante. Dan Cathy (exdirector ejecutivo de Chick-fil-A e hijo del fundador Truett Cathy) comparte esta enseñanza con muchos de nosotros dondequiera que va. La palabra restaurante deriva de la palabra francesa *restaurer*. Significa restaurar.

Muchos vienen a nuestras puertas para satisfacer físicamente su hambre, pero lo que encuentran es mucho más. Este es un lugar de restauración espiritual.

No puedo ser demasiado arrogante. Vendo pollo para vivir. Vuelvo a casa con olor a grasa y platos sucios la mayoría de los días, pero no lo cambiaría por nada. Dios está haciendo grandes cosas y seguirá usando a personas como nosotros (sí, incluso a los dueños de restaurantes) cuando nuestros corazones están rendidos.

Estoy tan agradecido de PODER hacer esto porque casi no tuve la oportunidad.

Capítulo Doce:
Momentos Cruciales

En Juan 10, Jesús comparte una verdad importante: "El propósito del ladrón es robar y matar y destruir; mi propósito es darles una vida plena y abundante." Juan 10:10 (NTV) Necesitamos este recordatorio con regularidad.

Olvidé esta promesa cuando era joven, y el plan para mi vida casi se descarriló. En el capítulo tres, aprendimos sobre la antigua guerra que libra el enemigo de nuestras almas. Casi permití que este enemigo arruinara mi futuro. Podría haber perdido mi momento. Tenía la opción de elegir qué camino tomar, y egoístamente elegí el camino de la destrucción. Dios tiene mucho más destinado para cada uno de nosotros si decidimos andar en esos planes.

Porque Dios nos ama tanto, interviene a pesar de nuestras decisiones insensatas. Como nos dice el autor de Hebreos: "¿Acaso olvidaron las palabras de aliento con que Dios les habló a ustedes como a hijos? Él dijo: «Hijo mío, no tomes a la ligera la disciplina del Señor y no te des por vencido cuando te corrige. Pues el Señor disciplina a los que ama y castiga a todo el que recibe como hijo»." Hebreos 12:5-6 (NTV)

Como un buen padre, Dios hace todo lo necesario para evitar que destruyamos nuestras vidas. Si eso significa usar las dificultades para que volvamos a donde necesitamos estar, Él lo permitirá. Para ser claros, todavía tenemos una opción y, lamentablemente, si ignoramos la corrección y disciplina amorosa de Dios, podemos cosechar el fruto de nuestras decisiones calamitosas y, en última instancia, perder un futuro increíble.

Si todavía estamos aquí en este planeta, eso significa que todavía tenemos tiempo para hacer esto bien y ajustar nuestro camino. Los cementerios están llenos de sueños no realizados y potencial perdido. Muchos se pierden los momentos de esta que abren las posibilidades de algo mucho más significativo. A menudo elegimos la satisfacción a corto plazo, la ambición egoísta y algo de menor calidad en lugar de una vida abundante. Todos nos encontramos con momentos cruciales en nuestras vidas en los que estamos en una encrucijada y podemos elegir qué camino tomaremos:

1. Tenemos la opción de seguir un camino que nos lleve a algo más grande, aunque nos resulte desconocido.
2. Podemos elegir nuestro camino porque creemos qué sabemos qué es lo mejor.

Neciamente, pensé que sabía lo que era mejor y elegí la dirección equivocada una y otra vez. Jeremías 17:9 (NVI) dice: "Nada hay tan engañoso como el corazón. No tiene remedio. ¿Quién puede comprenderlo?"

He aprendido cuán cierto es esto en mi propia vida. Hace mucho tiempo que dejé de confiar en mi corazón y he aprendido a confiar en el corazón de Dios.

Hubo momentos más importantes que pudieron haberme llevado por la dirección equivocada. Los siguientes son algunos de estos momentos de encrucijada a lo largo de mi vida.

Momento Crucial #1

Me criaron Barbara y Dennis Grimm, dos padres increíbles y piadosos. Amaban al Señor y amaban a mi hermana y a mí. Vengo de un buen hogar. A pesar de no tener en abundancia, teníamos todo lo que necesitábamos. Leíste que cuando estaba en tercer año de secundaria a los 17 años, elegí alejarme de mi fe. No culpo a mis circunstancias ni a las experiencias que me impactaron. Aún tenía una opción. Me dejé seducir por las cosas de este mundo. Quería perseguirlas.

Doy gracias a Dios por todas esas personas que oran y por mis padres que no me dejaron salir del apuro tan fácilmente. Doy gracias a Dios por un padre que tuvo un amor duro e interrumpió mi camino. Ser entregado a la policía provocó un giro dramático en mi futuro. Pensé que mi vida había terminado, ¡pero apenas estaba comenzando!

Momento Crucial #2

También leíste sobre esta coyuntura crítica. Fue poco después de que Kelly y yo nos casáramos en 2002. Estaba en las instalaciones de los Apalaches trabajando con adolescentes con problemas. Después de tres años y medio, estaba inquieto. Sabía que Dios tenía algo más reservado para mi vida en esa época. Nunca pensé que volvería a la iglesia de mi infancia, pero allí estaba, entrando por las puertas un domingo por la mañana. No sabía que Dios le había hablado al corazón del pastor y le había dicho que yo sería su próximo pastor de jóvenes.

Lo que el pastor Shawn escuchó yo no lo sabía. No mucho después, iba conduciendo por la carretera y, por frustración y sensación de estar estancado, grité en voz alta: "¿Qué se supone que debo hacer con mi vida?" Escuché la palabra audible "pastor" pronunciada en voz alta y casi destrozo mi auto.

Después del movimiento circunstancial de las piezas de ajedrez, me convertí en el nuevo pastor de jóvenes de la iglesia. Crecí en sabiduría y conocimiento y maduré en mi fe y carácter aquí. Me convertí en un hombre de familia y aprendí a cuidar a personas de todos los ámbitos de la vida. Aprendí a creer en Dios para grandes cosas y a nunca dejar de soñar. Sentó una base sólida sobre la cual Dios comenzó a construir.

Momento Crucial #3

Después de nueve años de ministerio vocacional, la creciente inquietud había regresado. Reconocí que Dios me estaba preparando para algo más.

Me aferré a la visión cuando mi pastor principal oró para que la congregación tuviera sueños e ideas para iniciar negocios que pudieran ayudar a impulsar la obra del reino y al mismo tiempo bendecir a nuestras propias familias. Mi oportunidad llegó seis meses después en forma de "Madres Mexicanas."

La experiencia no fue lo que esperaba, pero después de tres años y medio de operar ese restaurante, recordé que Dios es mi Proveedor. Aprendí a manejar un negocio incluso en las temporadas difíciles. Aprendí a no rendirme y no alejarme cuando todo a mi alrededor se estaba desmoronando.

El Señor usó estos períodos cruciales y de peso para ponernos en un rumbo hacia un futuro increíble. Aprendí que no todos los momentos en el tiempo son creados iguales. Aprendimos a reconocer cuándo se abre una puerta de oportunidad ante nosotros y atravesarla.

No saber qué hay al otro lado puede ser aterrador y desconcertante. Puede ser el terreno más exigente que hayas atravesado, pero ¿quién prometió que el camino hacia una vida abundante sería pan comido?

Como aprendemos en Proverbios, "Podemos hacer nuestros planes, pero el Señor determina nuestros pasos." Proverbios 16:9 (NTV) ¿Caminarás los pasos que Dios ha puesto delante de ti?

Cronos Contra Kairos

¿Crees que hay momentos en el tiempo, como los que describí anteriormente, que son más críticos que otros? Eso fue lo que esos momentos cruciales fueron para mí, y estos tres son solo algunos ejemplos. Los comparto para que puedas aprender a aprovechar la vida que te espera.

Usamos solo una palabra ("tiempo") para marcar el paso del reloj, pero los griegos usaban diferentes palabras para describir diferentes tipos de tiempo. Los dos que analizaremos son chronos y kairos. Chronos se refiere a segundos, minutos y horas, pero kairos describe momentos importantes en el tiempo que se elevan por encima de los demás en importancia.

Todos tenemos que pasar por chronos. No tenemos opción. Todos estamos atados a las mismas 24 horas cada día. Chronos se describe mejor como el paso del tiempo. Nunca podemos recuperar este tiempo, no podemos detenerlo y no podemos evitar atravesarlo.

Sea lo que sea lo que sintamos al respecto, debemos usarlo sabiamente porque pronto se acabará. Este tiempo se usa para preparación. Por ejemplo, los corredores de maratón entrenan durante períodos de tiempo cronos para llegar al día de la carrera. El día de la carrera se consideraría tiempo kairos. Sin prepararse y utilizarse cuidadosamente el tiempo que pasa de cronos, el corredor nunca estaría listo para el momento marcado de kairos, que es la carrera en sí.

Kairos se define como el "momento correcto, el momento oportuno, el momento adecuado, el momento señalado." Kairos es un momento clave que, si se pierde o no se está preparado para ello, puede enviar su tiempo cronológico después de este punto en una trayectoria que no desea. Si el corredor no se prepara, no tendrá la oportunidad de volver a correr la carrera de tal manera que gane o supere su récord personal. Ambas formas de tiempo son importantes. Necesita un tipo de tiempo para estar listo para el otro. Chronos lo prepara para aprovechar la ocasión de kairos.

¿Estarás preparado para ese momento cuando llegue?

El autor Dutch Sheets explica estos dos tipos de momentos en el siguiente extracto de su blog, "Dale a El 15" (Give Him 15)[7]:

"Chronos", por lo general mucho más largo, es plantar y cuidar la semilla; kairos es la temporada de cosecha. Chronos es mundano, kairos es emocionante. Chronos es la inversión, kairos es la recompensa.

A medida que perseveramos en tiempos difíciles (chronos), si no tenemos cuidado,

---

[7] https://www.givehim15.com/post/august-12-2022

puede evolucionar una mentalidad que dice que la vida siempre será así. Podemos comenzar a creer que el momento de kairos nunca llegará. Si no tenemos cuidado, perdemos nuestras expectativas y nuestra fe comienza a tambalearse.

Hemos orado tanto, hemos arado tanto, hemos creído tanto y nos hemos mantenido firmes tanto tiempo que comenzamos a vivir con una mentalidad de 'esto está tardando demasiado.' Entonces nos desilusionamos y nuestra fe se perderá.

Dios quiere cambiar nuestra mentalidad de desanimarnos durante estos tiempos a darnos cuenta de la necesidad de las estaciones cronológicas. No estamos desperdiciando ni malgastando el tiempo, lo estamos invirtiendo. Y si lo hacemos fielmente, el cambio vendrá. Sabiendo que estamos cooperando con Dios y dándole lo que Él necesita para traer lo nuevo, podemos regocijarnos por los pequeños comienzos, en lugar de despreciarlos. No nos desesperaremos por orar durante años con poco fruto aparente. Nuestra fe se basará solo en la verdad de la Palabra de Dios, inamovible ante la adversidad o las demoras.

Cuando estamos debidamente preparados y el momento es el adecuado, Dios puede cambiar las estaciones muy rápidamente. De la noche a la mañana, parece que Él transforma lugares secos en ríos, esterilidad en fecundidad y abre un camino donde antes no había camino. En el momento adecuado, Dios provoca el cambio y el cambio ocurre: de cronos a kairos. Permite que esta verdad traiga fe y aliento a tu situación.

Si reconocemos esta verdad, ninguna circunstancia o acción será en vano.

A veces, nos sentimos perdidos, pero si confiamos en Dios con todos los momentos de cada día que conforman la historia de nuestras vidas, Él puede crear una historia extraordinaria. ¡Él se dedica a tomar lo ordinario, aburrido y mundano y convertirlo en algo extraordinario! Quizás sientas esa inquietud, como si hubieras sido creado para algo más. Quiero retarte a que le pidas que se involucre. Recuerda: "«Mis pensamientos no se parecen en nada a sus pensamientos —dice el Señor—. Y mis caminos están muy por encima de lo que pudieran imaginarse." Isaías 55:8 (NTV)

Si hubiera enfrentado cargos criminales a los 17 años, podría haber terminado en la cárcel, y mi camino podría haber sido muy diferente. Chick-fil-A podría no haber sido posible. Si no hubiera atendido el llamado de Dios para convertirme en pastor de jóvenes, tal vez nunca hubiera aceptado el desafío de perseguir algo más grande a través de los negocios. Nunca hubiera aprendido a cuidar a las personas como lo hago ahora, además de tantas otras lecciones importantes aprendidas. Sin "Madres", no habría Chick-fil-A. Mi selector dijo que me veía horrible en el papel. Dar un salto de fe para abrir y administrar nuestro negocio demostró que éramos emprendedores. No solo lo dijimos, lo vivimos.

CANDIDATO IMPROBABLE

No pierdas tu momento kairos porque desperdiciaste el cronos. Cada momento cuenta. No podemos permitirnos conformarnos. ¡Hay mucho más esperando!

Conclusion:
Candidato Improbable

"Tonto." Así me llamó mi maestra de primer grado. En el momento me dolió, pero ella no sabía que Dios usaría esa palabra y esa experiencia para encender un fuego dentro de mí, un fuego de determinación y resiliencia.

Yo era demasiado "tonto" para dar marcha atrás, demasiado "tonto" para creer que no podía hacerlo, demasiado "estúpido" para aceptar las probabilidades, demasiado "tonto" para pensar que nunca lo lograría y terminaría en la cárcel.

Mi madre siempre me decía que era tonto cuando era terco. Resulta que este rasgo puede usarse para bien, no por mí, sino a pesar de mí. Como aprendemos en Efesios 3:20 (NTV): "Y ahora, que toda la gloria sea para Dios, quien puede lograr mucho más de lo que pudiéramos pedir o incluso imaginar mediante su gran poder, que actúa en nosotros."

Tengo un don para soñar en grande y pensar para mí mismo: "Puedo lograrlo." En parte porque no pienso en todas las cosas difíciles que se necesitarán para lograr esos grandes sueños. Simplemente creo que pueden suceder. Yo comparo esto con la fe de un niño. Un niño no ve todas las razones por las que algo NO PUEDE suceder. Simplemente cree que puede. Dios me ha dado fe como la de un niño. Algunos la han llamado "estupidez" o "terquedad," pero Dios la ha usado en mi vida para creerle por lo imposible. Lucas lo resume de esta manera en su libro en el capítulo 18 versículo 17 en la Versión Amplificada (traducido del inglés). "Les aseguro y les digo solemnemente que el que no reciba el reino de Dios [con fe y humildad] como un niño, no entrará en él."

Quiero inspirarte a creer en la magnitud del plan de Dios, un plan que supera tu imaginación más descabellada. Él puede lograr incluso más de lo que jamás podrías esperar o desear. ¡Ningún sueño es demasiado grande para tu vida si es el sueño de Dios! Da un paso adelante con fe y deja que ella sea tu escudo contra el miedo. No dejes que el miedo o las palabras que alguien dijo te detengan. Deja que te impulsen para el propósito que solo tú puedes cumplir. Solo puedes hacer tanto por tu cuenta, pero nada está fuera del ámbito de lo posible para Dios. Como dice Jesús en Marcos 10:27 (NTV): "Jesús los miró fijamente y dijo: —Humanamente hablando, es imposible, pero no para Dios. Con Dios, todo es posible."

Dios puede hacer cualquier cosa y hará cualquier cosa cuando pones tu confianza en Él. Escucha estas palabras de Dios dichas al profeta Isaías: "Pues estoy a punto de hacer algo nuevo. ¡Mira, ya he comenzado! ¿No lo ves? Haré un camino a través del desierto; crearé ríos en la tierra árida y baldía." Isaías 43:19 (NTV)

Puede que estés estancado. Puede que no tengas salida. Dios puede y ABRIRÁ un camino.

Puede que hayas preguntado pero no hayas recibido ninguna respuesta. Ten la seguridad de que Dios te escucha. Tus respuestas llegarán en el momento adecuado. Persevera. No pierdas el corazón. Jesús dice en Mateo 7:7-8 (NTV): "»Sigue pidiendo y recibirás lo que pides; sigue buscando y encontrarás; sigue llamando, y la puerta se te abrirá. Pues todo el que pide, recibe; todo el que busca, encuentra; y a todo el que llama, se le abrirá la puerta." Mateo 7:7-8 (NTV)

Sigan pidiendo. Sigan buscando. Sigan llamando.

Les dejo con el versículo de vida que comparto en cada capacitación de empleados "Visión y Valores." He aprendido en mi vida que ganamos siempre que no nos damos por vencidos. Este versículo de Gálatas refleja este principio: "Así que no nos cansemos de hacer el bien. A su debido tiempo, cosecharemos numerosas bendiciones si no nos damos por vencidos." Gálatas 6:9 (NTV)

Nunca te rindas. Estoy muy agradecida de no haberlo hecho.

Yo era la candidata improbable, lo que me convirtió en la candidata adecuada para lo que Dios hizo y para lo que seguirá haciendo. Si tú también te sientes improbable, mi historia es tu historia.

Prepárate. Tu aventura apenas comienza…

Para más libros e inspiración semanal escritos por David Grimm, visita authordavidgrimm.com.

Referencias

Introducción: Descubriendo Más

Jeremías 29:11, NTV
1 Corintios 1:26-27, NTV
Lucas 18:27, NVI
Juan 10:10, NVI

Capitulo Uno: Hogar

Eclesiastés 3:11, NTV
Juan 3:16-17, NVI
Juan 10:10, NVI
Jeremías 29:11, NVI
Romanos 8:28, NVI

Capítulo Dos: Abuso Autoritario

https://www.academia.edu/41551933/ST_VINCENT_
S_Saint_Vincent_s_Shaft_Mine_St_Vincent_Shaft_Mi
ne_Village_of_St_Vincent_Shaft_Unity_Township_W
estmoreland_Co_Pennsylvania_U_S_A
Proverbios 4:23, NTV
Romanos 7:21, 23-25, NTV
Romanos 6:6-14, NTV

Colosenses 3:13, NTV

1 Juan 4:19, NTV

https://www.givehim15.com/post/july-19-2023#:~:text=Father%2C%20when%20Adam%20and%20Eve,human%20race%20and%20the%20earth.

1 Corintios 15:57, NTV

Filipenses 2:5-11

Capítulo Tres: Paraíso Perdido

Ezequiel 28:12-15, NTV

Proverbios 16:18, NTV

Isaías 14:12, NVI

Isaías 14:13-15, NVI

Apocalipsis 12:7-10, NVI

Lucas 10:18, NTV

Juan 10:10, NVI

Apocalipsis 12:12, NVI

Capítulo Cuatro: El Camino de Regreso

Mateo 7:7-8, NTV

"Marcha imperial de Darth Vader", La guerra de las galaxias; John Williams, El imperio contraataca: Suite sinfónica,1980

("Darth Vader's Imperial March," Star Wars; John Williams, The Empire Strikes Back: Symphonic Suite, 1980)

"Scared Straight!", Golden West Television, 1978

Romanos 5:6, NTV

Romanos 6:23, NTV

Santiago 5:20, NTV

Capítulo Cinco: Propósito de Fuga

Eclesiastés 3:11, NTV
2 Corintios 3:18, NTV
2 Corintios 5:17, NTV
Marcos 4:30-32, NTV
Proverbios 15:22, NTV

Capítulo Seis: Sigue Adelante

"Acquire the Fire", Teen Mania Ministries, Honor
Academy
1 Corintios 9:27, NVI
Gálatas 6:2, NVI
Lucas 6:31, NVI
Jeremías 18:2, NVI

Capítulo Siete: El Llamado

Gálatas 6:9, NVI
Mateo 19:26, NVI
1 Reyes 17:10-14, NVI
1 Reyes 17:15-16, NVI
Santiago 5:17, NVI
Hebreos 11:6, RVR1960
Apocalipsis 3:20, RVR 1960
Santiago 2:17-22, RVR1960
Hebreos 11:1-12, RVR1960
Hebreos 11:17-32, 11:34-40 RVR1960

Capítulo Ocho: Un Dios Grande, Sueños Grandes

Efesios 3:20, RVR1960
Hebreos 10:24-25, NVI
Marcos 16:18
Santiago 5:14-15
Proverbios 3:6, RVR1960
Proverbios 3:5, RVR1960
Salmos139:1-16, RVR1960
Santiago 1:5, NTV
Hebreos 4:14-16, RVR1960
Santiago 1:5, NVI
Éxodo 36:1-2, NTV
Mateo 24:35, NTV
https://www.barna.com/research/what-is-a-tithe/
Filipenses 4:19

Capítulo Nueve: Temporada de Pruebas

Filipenses 4:19, NVI
Salmos 86:17, RVR1960
https://www.wtae.com/article/monroeville-mall-suspect-has-juvenile-past/7470040
1 Pedro 5:7, NVI
Eclesiastés 3:1-2, NVI
Cuento de Navidad de Charles Dickens
(A Christmas Carol by Charles Dickens)
Mateo 17:27
Marcos 9:24, NTV
Santiago 1:2-4, NVI

Capítulo Diez: Chick-fil-A

Stepford Wives 2004 Paramount Pictures

Capítulo Once: Sólo el Comienzo

La búsqueda interminable de David Grimm
Proverbios 3:34, NTV
1 Pedro 5:6, NTV
Filipenses 4:19, NTV
Santiago 1:10, NTV
Mateo 6:19-21, NTV
"EntreLeadership" de Dave Ramsey
"Thou Shalt Prosper" del rabino Daniel Lapin

Capítulo Doce: Momentos Cruciales

Juan 10:10, NTV
Hebreos 12:5-6, NTV
Jeremías 17:9, NVI
Proverbios 16:9, NTV
https://www.givehim15.com/post/september-29-2021
Isaías 55:8, NTV

Conclusion: Candidato Improbable

Efesios 3:20, NTV
Lucas 18:17, AMP traducido al español
Marcos 10:27, NTV
Isaías 43:19, NTV
Mateo 7:7-8, NTV
Gálatas 6:9, NTV